古罗斯的
哲学家形象

Образы философов в Древней Руси

[俄]米哈伊尔·尼古拉耶维奇·格罗莫夫（Михаил Николаевич Громов） 著

侯静娜 译

本书为国家社会科学基金重大项目
"当代俄罗斯哲学研究"（项目号 18ZDA018）的阶段性成果

中央编译出版社
Central Compilation & Translation Press

图书在版编目 (CIP) 数据

古罗斯的哲学家形象 /（俄罗斯）米哈伊尔·尼古拉耶维奇·格罗莫夫著；侯静娜译 . —北京：中央编译出版社，2021.5
ISBN 978-7-5117-3817-2

I. ①古… II. ①米… ②侯… III. ①哲学家—人物研究—俄罗斯—11 世纪 -17 世纪 IV. ① B512.3

中国版本图书馆 CIP 数据核字（2021）第 048456 号

The images of philosophers in Old Russia ©2021 by M.N.Gromov, originally published by The Institute of Philosophy, Russian Academy of Sciences. All right reserved.

版权登记号：图字：01-2021-2034

古罗斯的哲学家形象

责任编辑	李媛媛	
特约编辑	王丽芳	
责任印制	刘　慧	
出版发行	中央编译出版社	
地　　址	北京西城区车公庄大街乙 5 号鸿儒大厦 B 座 (100044)	
电　　话	（010）52612345（总编室）	（010）52612368（编辑室）
	（010）52612316（发行部）	（010）52612346（馆配部）
传　　真	（010）66515838	
经　　销	全国新华书店	
印　　刷	北京时捷印刷有限公司	
开　　本	880 毫米 ×1230 毫米 1/32	
字　　数	143 千字	
印　　张	6	
版　　次	2021 年 5 月第 1 版	
印　　次	2021 年 5 月第 1 次印刷	
定　　价	58.00 元	

新浪微博 @中央编译出版社　　**微　　信**　中央编译出版社（ID：cctphome）
淘宝店铺　中央编译出版社直销店（http://shop108367160.taobao.com）（010）55626985

本社常年法律顾问：北京市吴栾赵阎律师事务所律师　闫军　梁勤
凡有印装质量问题，本社负责调换，电话：（010）55626985

引《论语》

仰之弥高

钻之弥坚

瞻之在前

忽焉在后

譬如为山

未成一篑

止

吾止也

譬如平地

虽覆一篑

进

吾往也

C目　录
ONTENTS

引言

　　俄国中世纪哲学，也称古罗斯或封建时期、彼得大帝以前时期的哲学，就其特殊性、独特性甚至存在本身仍然是争论的对象。在从过分赞扬到轻视态度的幅度很大的评价中，必须建立起关于它的客观和确凿的观念。这样做应该不以空口无凭的结论和从旁人那里借鉴来的意见为依据，而是通过面向第一手材料：古罗斯手稿、古版书以及一整套反映当时哲学思想的文字和非文字遗存。

　　被取为研究对象的既有实际存在过的古罗斯思想家，也有在古罗斯场景中出现的关于思想家、哲学家和哲人的观念。在广泛的真实史料（构成可靠的经验库）基础上有可能作出确凿的判断：在古罗斯谁被认为是哲学家，谁被尊为权威的思想家，有哪些历史人物符合这一崇高的称号。重要的是利用古罗斯关于思想家的观念来探究俄国哲学思想在最初存在的七个世纪的发展演变，这样做应有助于形成关于整个俄国中世纪哲学及其单独代表人物的更加客观和公正的结论。

第一章　古罗斯关于哲学家的观念

如果面向范围很广的真正的古罗斯文献史料，面向艺术作品形式的非文字证明材料，以及面向祖国文化历史遗产的权威研究者的奠基之作，那么在我们面前会呈现出相当有意思的画面——在罗斯形成的丰富多彩的哲学家观念以及通过他们而形成的整个哲学的观念。

拜占庭和斯拉夫罗斯文献专家 Е.Э. 格兰斯特列姆在当年发表过一篇关于克利缅特·斯莫利亚季奇的论文[1]，文中继 Н.К. 尼科利斯基[2] 和 Е.Е. 戈卢宾斯基[3] 之后得出结论，罗斯都主教和读书人获得"哲学家"称号是因为他对拜占庭文化、尤其是对所谓炼字法（σχεδογραφία）有一定了解。炼字法除对文法形式的语文学分析外，还包含哲学神学解经元素[4]，符合希腊自古的语文学和哲学统一的传统，神学在拜占庭时期被增加进来。拜占庭高度的人文文化的整个

---

[1] Е.Э. 格兰斯特列姆：《克利缅特·斯莫利亚季奇为什么被称为"哲学家"》，载《古罗斯文学部学报》，第 25 卷，莫斯科—列宁格勒 1970 年版，第 20—28 页。

[2] Н.К. 尼科利斯基：《12 世纪的著作家、都主教克利缅特·斯莫利亚季奇的文学作品》，圣彼得堡 1892 年版。

[3] Е.Е. 戈卢宾斯基：《关于蒙古人侵入以前的罗斯人从希腊人那里借鉴代表后者高级文法教程的所谓炼字法问题》，载《科学院俄罗斯语言文学部通报》，第 9 卷，第 2 期，圣彼得堡 1904 年版，第 49—59 页。

[4] Fuchs F. *Die höheren Schulen von Konstantinopel im Mittelalter*. Leipzig-Berlin, 1926.

分支体系建立在这三者基础上 ①，这一文化流向包括罗斯在内的毗邻的基督教国家。

除了该情景外，在 Е.Э. 格兰斯特列姆的论文中还根据 15 世纪下半叶以前的拜占庭和斯拉夫罗斯文献资料，作出"哲学家"术语指的是什么和谁被叫做"哲学家"的概括情报。按照她的意见，"φιλόσοφος（'哲学家'）一词指哲人、良心上的教导者和有文化的人"。在早期基督教时期，哲学也开始被理解为对圣经的深入注解，由此得出"哲学家"是解经大师。在绰号"哲学家"的西奈的尼尔身上第一次发展出对哲学的精神苦修理解，从这里产生出"修道士哲学家"的语义关联。"哲学家"也被理解为"受过教育，经过一定训练、科班出身的人"，尤其是毕业于马格诺拉高等学府（有时称君士坦丁堡大学或学院）的人。一部分朝臣由这些人组成，其中不乏平庸之辈，他们用"哲学家"称号自炫，远不符合这一自古代起整体上受人尊敬的封号。在斯拉夫罗斯史料中"哲学家"术语经常是指"学者，文化人"。②

在具体的历史人物中，除克利缅特·斯莫利亚季奇外，研究者指出斯拉夫人的祖师康斯坦丁 - 基里尔哲学家、保加利亚启蒙者普雷斯拉夫的康斯坦丁和科斯泰内茨的康斯坦丁（被称为"哲学家"也许是因为他们的名字和活动种类与祖师类似）、来到罗斯的希腊修道士玛拉基 ③、弗拉基米尔·瓦西里科维奇公、希腊人费奥凡、彼尔姆的斯特凡、《普斯科夫的叶弗罗辛记》中提到的柱石约夫、"被革去教职的辅祭"菲利普和某位司祭。

① Podskalsky G. *Theologie und Philosophie in Byzanz.* München, 1977.
② Е.Э. 格兰斯特列姆：《克利缅特·斯莫利亚季奇为什么被称为"哲学家"》，第 25—26 页。
③ Е.Э. 格兰斯特列姆：《修士玛拉基哲学家》，载《1962 年古文献学年鉴》，莫斯科 1963 年版，第 69—70 页。

利用 E.Э.格兰斯特列姆的重要发现，我们将尝试在更广泛的材料基础上发展这一主题，好在出现"哲学家""哲学""哲学思考"术语和派生术语的史料中汗牛充栋，从最早的文献起直到17世纪的大量书翰。

在最古老的一部注有日期的古罗斯书籍——1056—1057年《奥斯特罗米尔福音书》中，已经在教历2月14日下面载有"悼念康斯坦丁哲学家"（л. 265 г）。① 祖国第二部古老的注有日期的手稿书《1073年文选》包含一篇绰号"哲学家"的殉道者查士丁的文章——《论正信》，其中对圣三位一体学说和基督教其他教义进行探讨。②《1076年文选》中同样也有使用"哲学家"术语的文章。例如，在《圣尼尔论持戒》断章中赞扬以持戒的生活方式而出名的毕达哥拉斯、第欧根尼和柏拉图。③ 在有罪者格奥尔吉的《纪年》中多次使用"哲学家"和"哲学"术语，引用许多关于古代和基督教思想家的材料，尤其谈到"最有智慧的柏拉图"，援引他的对话《斐多篇》、《高尔吉亚篇》和其他著作，肯定哲学家作为独立人格的崇高地位："哲学家应在所有人面前不受拘束。"④ 古代哲学和教父学哲学的许多名字、思想和形象包含在《蜜蜂集》的大量抄本中。⑤ 从一种东方语言——叙利亚语或亚美尼亚语翻译过来一部《圣阿基尔记》，在一系列抄本中他被称为哲学家阿基尔。⑥

---

① 《苏联保存的斯拉夫罗斯手稿书总目录：11—13世纪》，莫斯科1984年版，第34页。
② 国家历史博物馆手稿。Син. № 1043，第9张背面—第15张。
③ 《1076年文选》，莫斯科1965年版，第625页。
④ B.M.伊斯特林：《古斯拉夫罗斯译本的有罪者格奥尔吉〈纪年〉》，第1卷，彼得格勒1920年版，第238页。
⑤ П.别索诺夫：《蜜蜂书——从希腊语翻译过来的最古老的罗斯文献》，莫斯科1857年版；B.谢苗诺夫：《按羊皮纸抄本的古罗斯〈蜜蜂集〉》，圣彼得堡1893年版；C.A.谢格洛娃：《按基辅图书馆手稿的〈蜜蜂集〉》，圣彼得堡1910年版。
⑥ A.Д.格里戈里耶夫：《圣阿基尔记》，莫斯科1913年版；P.Г.阿普列相：《阿希卡尔的机遇（谈道德的起源）》，载《哲学与文化》（莫斯科），2008年第9期，第74—86页。

关于哲学的观念也经由斯拉夫媒介传入罗斯。许多思想家和首先是康斯坦丁 - 基里尔哲学家的名字开始在使用基里尔字母的斯拉夫人的共同语言中流传。在勇修士的《论文字》中有"哲学家"和"哲学"术语。[①] 在内容详细的《康斯坦丁 - 基里尔传》中不仅使用哲学术语，并且给出第一个斯拉夫语的哲学定义。[②] 在罗斯广为流传的保加利亚督主教约翰的自然哲学著作《六日说》中，谈到"没头脑的希腊哲学家"争论不休，基督教智慧的优势在于给出统一的世界实体的稳定形象；详细阐述了原质说，作品本身的全称则是："六日说，督主教约翰长老抄自圣巴西尔、约翰和瑟佛里亚努、亚里士多德哲学家等。"[③] 在同一位作者的《神学家约翰赞》中包含中世纪文献里经常碰到的思想——使徒和福音书作者优于多神教哲学家和修辞家："哲学家纵有智慧，却不知书，文人有智慧和机谋。哲学家哑口无言。"[④]

与"哲学"词根有关的术语也贯穿在基辅罗斯时期的原创文学作品中。《往年纪事》（在更早的编年史汇编基础上形成，并收入一系列翻译文学和斯拉夫共同文学断章）中有几篇文章，其中有使我们感兴趣的术语。在 898 年下面有一段关于斯拉夫人的祖师基里尔和梅福季的简要记述，并且两人都被称为"哲学家"（通常只这样称基里尔），而拜占庭皇帝米海尔三世的谋臣被一总称为"所有哲学家"。在 986 年下面描写基辅大公弗拉基米尔选择信仰和希腊哲学家

---

① K.M. 库耶夫：《勇修士》，索非亚 1967 年版。

② I.Ševčenko, The Definition of Philosophy in the Life of Saint Constantine, in *For Roman Jacobson...* The Hague, 1956, pp. 449-457.

③ 《保加利亚督主教约翰所著〈六日说〉》（按莫斯科主教公会图书馆 1263 年莎草纸抄本），莫斯科 1879 年版。

④ 保加利亚督主教约翰：《词章集》，д. 伊万诺娃 - 米尔切娃整理，第 1 卷，索非亚 1971 年版，第 156 页。

的到来，包含一个通称为"哲学家讲话"的很长的断章。① 在 912 年下面奥列格公死于坐骑的耳熟能详的故事之后，有一段关于公元 1 世纪希腊新毕达哥拉斯派、提亚纳的阿波罗尼的奇遇记，这段色彩异常鲜明的描写取自有罪者格奥尔吉的《纪年》。关于这位被称为"预言家"的哲学家特别提到，他"无所不知"且"有哲学家的智谋"。②

在编年史作者涅斯托尔创作于 11 世纪末、成为祖国圣徒传文学典范的《洞窟修道院费奥多西传》中，描写了罗斯修道团体创始人之一的修行活动。在给他的赞词中写道，上帝不是"从最有智慧的哲学家中"挑选精神上伟大的出家人，而他却以自己的全部活动"比哲学家更有智慧"③，也就是说，以自己充满崇高意义的教导活动超过了文人哲学家。

图罗夫的基里尔被尊为"在罗斯尤为闪耀的金口"，在他的诸多著作中以寓言形式鲜明而形象地阐述许多复杂的神学哲学概念。在《尼西亚公会议圣神父赞》中，基里尔描写阿里乌和他的支持者是神学争论的智慧老到的论敌，"很厉害的哲学家和文人"。④

在按神迹修道院抄本的闭锁者丹尼尔的《书信》（《求告》）中，在大量散落的格言当中有一句在罗斯书翰里经常看到的话，它把雅典是古希腊智慧的中心和同样古老的采集百花花蜜的"勤劳蜜蜂"的形象结合在一起："我未出生在雅典，未曾求教于哲学家，但像蜜

---

① М.Н. 格罗莫夫：《古罗斯编年史〈往年纪事〉中的"哲学家讲话"》，载《哲学科学》，1976 年第 3 期，第 97—107 页。

② 《往年纪事》，第 1 册，莫斯科—列宁格勒 1950 年版，第 31 页。

③ 《圣母安息大教堂 12—13 世纪文集》，莫斯科 1971 年版，第 73 页。

④ И.П. 叶廖明：《图罗夫的基里尔的著作遗产》，载《古罗斯文学部学报》，第 15 卷，莫斯科—列宁格勒 1958 年版，第 345 页。

蜂落到百花枝头，采集文辞酿成智慧，聚集海水在皮袋"。[①] 这一形象深得古罗斯读书人的喜爱，他们往往正是以这种方式获得智慧。这句在传记熟语中碰到的固定用语和一系列变体在拜占庭和斯拉夫罗斯读物中相当稳定。

可见在蒙古入侵以前时期在罗斯已广泛使用"哲学家"、"哲学的"、"哲学"和相近术语。在随后几个世纪中作为对早期文献（一般被不断转抄）的补充而出现了新的文献，它们遵循传统又或者为上述术语的理解注入新的细微差异。能够举出许多例子，我们仅指出几位作者，在他们笔下碰到此类术语。圣叶皮凡尼、希腊人马克西姆、安德烈·库尔布斯基、都主教丹尼尔、波洛茨克的西梅翁、西尔维斯特·梅德韦杰夫、卡里昂·伊斯托明、尤里·克里扎尼奇、利胡德兄弟等许多著作家、思想家和神学家在其创作中使用与"哲学"词位有关的全套术语，对许多术语加以阐释并给出各种解释。

上述术语在一系列翻译著作中使用：维尔茨堡的布鲁诺《详解诗篇》《蒙师》《亚里士多德门》、安德瑞·格拉博《问题集》、塞巴斯蒂安·佩特里齐《亚里士多德经济学》，以及在罗斯翻译的希腊语、拉丁语、波兰语等语言的各种史料中。[②]

在许多手稿中常常出人意料地碰到涉及哲学的思想。例如，在乌瓦罗夫收藏品第 1916 号文集的清样中，我们找到一条在文中用大写的、几乎是用多角体字母标出来的含义深刻的语录，内容是关于追求道德完善的人是真正哲人的观念："谁救自己的灵魂于永远的痛苦，谁就是真正的哲学家。谁摆脱魔鬼的网罗，谁就是了不起的哲

① Н. Н. 扎鲁宾：《闭锁者丹尼尔的词章》（按 12 和 13 世纪校本及其更动），列宁格勒 1932 年版，第 59 页。

② А.И. 索博列夫斯基：《莫斯科罗斯 15—17 世纪的翻译文学》，圣彼得堡 1903 年版。

人，值得羡慕。"①

我们不再停留在综述无穷无尽的经验材料上，将尝试对古罗斯史料中关于谁通常被称为哲学家的大量证明加以概括。

1. 各个流派的古代思想家在传统上被认为是哲学家。柏拉图尤其被尊为"最高的异教哲学家"。② 亚里士多德被奉为马其顿的亚历山大的明智教导者③，杰出的政治思想家④ 和逻辑思维的奠基人⑤。令现代读者吃惊并且和流行定式相反的是，在古罗斯史料中可碰到对通常被划分为唯物主义流派的哲学家、经常是对德谟克利特和伊壁鸠鲁的尊敬态度。

罗斯托夫大主教瓦西安在他的《乌格拉河上书》中为在 1480 年迎战阿赫马特汗的伊凡三世鼓舞士气，呼吁他要坚定，并援引取自《蜜蜂集》并被托在德谟克利特名下的语录："听啊，狄谟克利特这位最早的哲学家所说：'王公应临危不乱，对敌人要勇毅、勇猛和勇敢，对亲兵要呵护有加。'"⑥ 关于民主的概念经常与这位哲学家的名字联系在一起，从希腊语"δημοκρατία"一词的词源出发："狄谟克利特的意思是民长或首领。狄谟克拉底亚的意思是民主。"⑦ 关于伊壁鸠鲁则写道："伊壁鸠鲁是位希腊的哲学家，是他们中诚实的，

---

① 国家历史博物馆 17 世纪手稿。乌瓦罗夫，№ 1916，第 176 张背面—第 177 张。

② 《希腊人马克西姆著作集》，第 1 卷，喀山 1859 年版，第 354 页。

③ В.伊斯特林：《罗斯年代志里的亚历山大传》，莫斯科 1893 年版，第 19 页和其他页。

④ 费多尔·卡尔波夫在给都主教丹尼尔的信中写道："[因] 此按亚里士多德所说，各城和各国都应由职司者秉公义管理，靠皆知的义法，而不靠忍耐。"（《古罗斯文学作品：15 世纪末—16 世纪上半叶》，莫斯科 1984 年版，第 510—512 页）

⑤ 西尔维斯特·梅德韦杰夫在给大贵族罗莫达诺夫斯基的信中探讨了原因学说——"表现在人身上"的"哲学四因"（《西尔维斯特·梅德韦杰夫书信》，С.Н.布拉伊洛夫斯基专题讲座，圣彼得堡 1901 年版，第 13—14 页）。

⑥ 《瓦西安·雷洛的乌格拉河上书》，载《古罗斯文学作品：15 世纪下半叶》，莫斯科 1982 年版，第 528 页。

⑦ 《词诠》，俄罗斯国立图书馆 17 世纪手稿。299 号全宗，№ 1，第 115 张。

因此从他的学堂里出来的人叫做伊壁鸠鲁派哲学家”，也就是享乐派哲学家。[①]

同时要指出的是，希腊的多神教哲学家常常受到谴责，有时甚至相当严厉，这一点从有罪者格奥尔吉和督主教约翰的书中能看出来，并且异常鲜明地反映在大司铎阿瓦库姆的《讲道书》中：“……从前的柏拉图和毕达哥拉斯，亚里士多德和第欧根尼，希波克拉底和盖伦，这些人都有智谋，合该下地狱。”[②] 整体上对古代思想家的态度如同对“最早的哲学家”、基督教智慧的先行者；他们能接近这种智慧，或者与之对立。在第一种情况下他们经常被比作预告基督出现的旧约先知，在第二种情况下则被认为是敌对基督教的“此世”异教智慧的代表。

尼古拉·米列斯库·斯帕法里的启蒙著作是广泛使用古代哲学家名字和学说的例子。他在《数论》中举出“四门伟大的艺术：哲学、神学、法学和医学，或者称医术”，并历数希腊七贤的名字：“克莱俄布卢、契罗、拍立安得、庇塔库斯、梭伦、毕阿斯、泰勒斯”。[③] 在旨在“表现高级智慧和学问”的《天书》中阐述希腊、埃及和教父学哲学神学思想的许多观念，这些思想都与试图领会上帝作为实体的无法穷尽的深度有关，人、自然和社会存在的一切样态都归结于中古意识的这一核心超级概念。在这里出现的是“最敏锐的头脑亚里士多德”“最古老的也是第一个哲学家米利都的泰勒斯”，奥古斯丁、毕达哥拉斯、柏拉图、“哲学家法勒鲁姆的德米特里”、恩培多克勒、亚略巴古的狄奥尼修斯、“哲学家西莫尼德斯”，传说

---

① 《词诠》，莫斯科大学图书馆 17 世纪手稿。№ 250，第 57 张。

② 《17 世纪旧礼仪派运动历史文献》，第 1 卷，第 1 编，列宁格勒 1927 年版，第 289 页。

③ 尼古拉·斯帕法里：《美学论著》，O.A.别洛布罗娃整理并作引言，列宁格勒 1978 年版，第 88 页。

中的"三倍伟大与最古老的埃及王和哲学家"赫尔墨斯，阿那克萨哥拉，以及尼撒的格列高利、阿里乌、犹诺米等头号思想家、神学家与正经和异端流派的代表。①

哲学家就这个词的广义来说也包括古代的演说家、著作家、学者和文化范围很广的活动家：伊索克拉底、狄摩西尼、米南德、希波克拉底、盖伦、维吉尔（经常被误称为希腊人）等许多人的名字牢牢地走入世界文明历史。哲学家还包括一些神话人物，他们被尊为古代历史的英雄活动家。例如，创建希腊文字被托在普罗米修斯名下："普罗米修斯——嫩的儿子约书亚时的希腊哲学家，通晓古代的文法哲学。"②雅典娜（帕拉斯）在一本《词诠》中被称为"女哲学家"。③

2. 东方智慧的代表经常被暗指为、但很少被直接称为"哲学家"。这首先是指《圣经》中的人物，既有现实的，也有虚构的。犹太国王所罗门被尊为伟大的哲人，他建造了"智慧房屋"化身的著名神庙。在伪经《所罗门王的智慧和南方女王与哲学家轶事》中记载了示巴女王来到他这里的情景。④他同样作为箴言家，《圣经》最有哲学色彩的部分之一《箴言书》的作者。在有罪者格奥尔吉对亚历山大城附近的修道院的描写中，强调旧约时代的古犹太人以及希腊化和后来部分基督教化的犹太人爱智慧，尤其是"最有智慧的斐洛"。⑤济诺维·奥坚斯基把这种经圣经史料进入基督教文化的古代

---

① 尼古拉·斯帕法里：《美学论著》，第 125—135 页。

② 《词诠》，俄罗斯国立图书馆 17 世纪手稿。228 号全宗，第 117 张。

③ 《词诠》，俄罗斯国家图书馆 18 世纪手稿。Сол.20/20，第 7 张背面。

④ 《Г. 库舍列夫 - 别兹博罗德科出版的古罗斯文学作品》，第 3 辑，圣彼得堡 1862 年版，第 61—63 页。

⑤ В.М. 伊斯特林：《古斯拉夫罗斯译本的有罪者格奥尔吉〈纪年〉》，第 1 卷，第 227—231 页。

犹太教智慧传统概括为"所罗门哲学"思想流派。[①]

在一系列抄本中绰号"哲学家"的圣阿基尔被认为是东方大哲。印度教长老白尔拉木是一位有洞察力的隐居者，他教导自己的弟子约沙法王子。[②] 裸身智者（"赤身哲人"）被尊为东方智慧的称职代表，在《亚历山大传》、海伦娜堡的帕拉弟乌斯的文章《论罗门》[③]和《佐西马访罗门记》[④]一类伪经传说中记载了他们的情况。身为传统的印度教哲学的代表，"罗门"否定任何对占有财富、权力和世俗之利的追求，以此解放人的精神而获得真正独立："爱智慧者来到我们这里……哲学家不为人所制，而能自有。人所不能制之"。[⑤]

在东方广为流传的梵文作品《五卷书》（经伊朗、阿拉伯、拜占庭和南方斯拉夫媒介传入罗斯）中，"某哲学家"举野兽行为的例子以寓言形式向"印度国王"解释人伦含义。[⑥] 也有其他一些"古印度在罗斯精神文化中的反思"。[⑦]

在包含自然哲学和心理学思想的医学翻译作品中，在"爱智慧的哲学家"名字中提到《沁草园》里的中亚思想家、学者"阿维参"（阿维森纳或伊本·西拿）。[⑧]

3. 在理论方面尤其重要的护教家和教父学活动家，无论是东方

---

① 济诺维·奥坚斯基：《向问新说者白真相》，喀山1863年版，第57页。

② 《白尔拉木和约沙法记》，И.Н. 列别杰娃翻译、研究并作注解，列宁格勒1985年版。

③ V.Bergoff, Palladius de Gentibus Indiae et Bragmanibus, *Beitrage zur Klassischen Philologie*, № 24,1967.

④ Н.С. 吉洪拉沃夫：《罗斯的伪经文学作品》，第2卷，莫斯科1863年版，第78—92页。

⑤ В. 伊斯特林：《罗斯年代志里的亚历山大传》，第110页。

⑥ 斯特法尼特和伊赫尼拉特：《按15—17世纪罗斯手稿的中古寓言书》，列宁格勒1969年版。

⑦ В.К. 绍欣：《罗斯文化中的古代印度》（11世纪—16世纪中期），莫斯科1988年版，第254—276页。

⑧ Л.Ф. 兹梅耶夫：《罗斯医典》，圣彼得堡1895年版，第67页。

还是西方的，经常被称为哲学家的有：殉道者查士丁、亚历山大城的克莱门特、认信者马克西姆、大马士革的约翰、圣奥古斯丁等。[①]例如，在斯拉夫《训诫集》中关于认信者马克西姆写道，他"毕生都是哲学家，以文辞耀人"[②]，在为他的祝祷中马克西姆被奉为"地道的哲学家"。[③] 他的尊称"认信者""哲学家""神学家"在中古意识中密不可分。

4. 在中世纪形成一种特殊的以修道者实践制定的苦修哲学观念。[④] 有罪者描写亚历山大城的修道士，他们"谈论圣书，讲论哲学，即考验教父之爱圣智慧"。只有断绝七情六欲的精神修行者才被他们尊为真正的哲学家。以智慧闻名的希腊人和犹太人被他们认为是被自己的聪明"所惑"，基督被奉为讲论哲学的典范，"以言和行讲论哲学的独一示范"。[⑤] 对哲学家和哲学的类似理解曾在罗斯广泛流传。有时写道："上帝在我们俄国是响当当的哲学家。"[⑥]

5. 在教义方面训练有素、对学说含义的理解精到的基督教传道士、神学家和教导者（尤其是在未开化的多神教徒面前），有时被称为哲学家。希腊传道士在这种意义上被称为哲学家，他在基督教被接受前夕在弗拉基米尔公面前发表了"哲学家讲话"，阐述基督教的

---

① К.И. 斯克沃尔佐夫：《教父和教会导师的哲学》（护教家时期），基辅 1868 年版。

② 认信者马克西姆：《作品集》，译自希腊语，第 1 部，谢尔吉圣三一大修道院 1915 年版，第 292 页。

③ 同上书，第 256 页。关于认信者马克西姆是神学家和哲学家的问题有各种语言的大量出版物。参看：M.L.Gatti, *Massimo il Confessore: Saggio di Bibliogr. Generale Ragionate e Contribute per una Recostruzione sci. del suo Pensiero Metafisico e Religioso*, Milano, 1987.

④ F. Dölger, Zur Bedeutung von φιλόσοφοσ und φιλόσοφια in Byzantinischer Zeit, in F.Dölger, *Byzanz und die Europaische Staatenwelt*, Ettal, 1953. pp.197-208.

⑤ B.M. 伊斯特林：《古斯拉夫罗斯译本的有罪者格奥尔吉〈纪年〉》，第 1 卷，第 231—239 页。

⑥ B.B. 阿尔扎努欣：《俄国 17 世纪的哲学教育》，载《哲学科学》，1987 年第 2 期，第 50 页（按俄罗斯国家图书馆手稿。OCPK. Q. Ⅲ .6. 第 89 张背面）。

历史和基本教义。在更广泛的意义上有时可以这样来称呼那些热忱的基督教信徒，他们不一定要在理论方面对这一学说的本质有深刻领会，但一定要在伦理道德或生命意义方面语义不全。有趣的是，在正教历中有一个希腊语的名字"哲学家"，被翻译成"爱智慧者"，属于3世纪的一个殉道者（悼念日在俄历5月31日）。

尤其有权威的基督教哲学家、神学家、认信者和殉道者的名单主要包含在莫斯科印书馆1644年出版的《基里尔书》中，这本书成为某种调节俄国社会精神发展的官方思想体系文献。[①] 在"所尊之书"名单中列举的史料和名字中可以看到："亚略巴古的狄奥尼修斯的书…… 大马士革的约翰，他的给迈乌马的科斯马的信和其他作品…… 督主教约翰…… 斯拉夫的基里尔…… 认信者马克西姆…… 希腊人马克西姆…… 丹尼尔…… 蜜蜂集…… 希坡城主教奥古斯丁…… 查士丁哲学家"，等等。[②]

在希腊人马克西姆从苏达辞书翻译过来的《奥利金轶事》中，对这位受人尊敬的"曾是异端"的杰出神学家概括如下："奥利金，也称刚玉，是位赫赫有名的男子，精通各种哲学学说，曾在哲学家阿摩尼阿斯、也称萨卡斯门下听讲，在哲学上远远超过他。"[③] 发达的希腊哲学文化中的不少名字、作品名称、形象和掌故经希腊人马克西姆的原创和翻译作品传入罗斯。[④]

6. 正教的思想对头，尤其是天主教神学家和思想家，被称为哲学家的权利没有遭到否定。在大量驳斥天主教徒的论战著作中，尤其是在13世纪的拜占庭作品《至人和食死面饼者之辩》中（在罗斯

---

① A. 利洛夫：《论所谓基里尔书》，喀山1858年版。

② 《基里尔书》，莫斯科1644年版，第二编号，第2—5张。

③ 俄罗斯国立图书馆16世纪中期手稿。鲁缅采夫，№ 264，第100张。

④ Д.M. 布拉宁：《希腊人马克西姆的翻译作品和书信》，列宁格勒1984年版。

抄本中有几个校本），西方神学家被尖刻地称为"不敬神的天主教哲学家"。① 在一些抄本中两个论敌都被称为哲学家。例如，在一本15—16世纪的文集里面，《……之辩》的名称是《二哲学家至人和食死面饼者问与答》。②

类似的评语不仅在针对基督教神学家和思想家时碰到，而且在针对各种异端的代表以及伊斯兰教、犹太教和其他宗教的代表者，尤其是对陌生的宗教信仰的体现者——神学家、文士、律法家和哲学家时碰到。

例如，在普希金之家藏经阁17世纪末—18世纪初的第7号文集中有一篇《百戏艺人与犹太哲学家塔拉斯辩信仰》。"犹太大官"派出来参加神学争论的"哲学家叫塔拉斯，犹太人，很有智慧的男子，读了很多书，有洞察力，老成持重"。基督教的王公却老也找不出"自己教里的哲学家"；百戏艺人替哲学家出场，用自己的机智让老到的对手丢了脸。③场面十分有趣，因为教会谴责百戏杂耍。它更应该是在"读书不多"、但在个别的代表人物身上不乏机敏的民间所编。

异端运动与哲学的瓜葛被察觉出来，尤其是在像阿里乌这种头号的异端首领身上。许多作者都对这位正经基督教的反对者不抱好感，但同时指出他学识渊博、头脑机敏和有哲学思维深度。济诺维·奥坚斯基在《干革拉主教伊帕季赞词》中写道，反三一论派的首领"靠哲学打下异端，招揽许多哲学家在自己一边，与教父辩

① А.波波夫：《反对天主教徒的古罗斯著作文学史述评》（11—15世纪），莫斯科1875年版，第203页。
② 国家历史博物馆15—16世纪手稿。Син. № 316，第13张背面。
③ В.И.马雷舍夫编：《普希金之家古罗斯手稿》（全宗概览），列宁格勒1965年版，第182—184页。

论"。[1] 关于作为哲学家的阿里乌有大量的出版物来谈。[2] 对这个题目的兴趣因为关系到澄清教父学与希腊哲学、诺斯替主义和新柏拉图主义的关系而从未减少。[3]

7. 大的文化活动家、整整一个民族的启蒙者在崇高的含义上被称为哲学家。被这样称呼的有斯拉夫人的祖师康斯坦丁 - 基里尔[4] 和彼尔姆的斯特凡——济良语字母的创建者,以其精神功业被圣叶皮凡尼仿照斯拉夫人的启蒙者而称为"新哲学家"。[5]

8. 在拜占庭和斯拉夫传统中也把那些按现代理解一般称为哲学家的文化活动家叫做哲学家。他们可以是职业哲学家,进行哲学思考的著作家、道德家、大学哲学的代表等。除神学和颂歌创作外,大马士革的约翰应在这一层面上被理解,没有人质疑他在哲学上的专业性。拜占庭的隐居者菲利普被称为哲学家,他著有一部充满灵感的关于灵魂与身体对话的诗歌作品《宝鉴》。在《词诠》中关于他写道:"宝鉴。释义:宝镜书。哲学家菲利普 6603 年 (1095 年) 在

① В.И.科列茨基:《新发现的济诺维·奥坚斯基的驳异端作品》,载《古罗斯文学部学报》,第 21 卷,莫斯科—列宁格勒 1965 年版,第 175 页。

② G.C.Stead, The Platonism of Aruis, *Journal of Theological Studies*, Vol. 15, 1964, pp.15-31; L.Barnard, What was Arius Philosophy? *Theologische Zeitschrift*, Bd. 28, 1972, ss.110-117; H. M.Gwatkin, *The Arian Controversy*, N. Y. , 1979; Ch.Kannengisser, *Holy Scripture and Hellenistic Hermeneutics in Alexandrian Christology: The Arian Crisis*, Berkeley, 1982; etc.

③ А.И.西多罗夫:《阿里乌派在当代研究中的反映》,载《古代史学报》,1988 年第 2 期,第 85—97 页。

④ J.Shütz, Konstantins Philosophie und seine Bestallungsurkunde als Philosoph, *Wiener Slawistisches Jahrbuch*, Bd. 31, 1985, ss.89-98.

⑤ 圣叶皮凡尼:《彼尔姆主教斯特凡记》,见《Г.库舍列夫 - 别兹博罗德科出版的古罗斯文学作品》,第 4 辑,圣彼得堡 1862 年版,第 151—156 页。

斯摩棱斯克城写下这部宝鉴书。"① 在另一本《词诠》中读到："学者——哲学家和爱智慧者。"② 伊万·佩列斯韦托夫写过关于"哲学家和天主教博士"（博士指学位）。③ 17 世纪末来自波兰的安德烈·别洛博茨基写了一部修辞学论著，名为《哲学家安德烈·赫里斯托福罗维奇所著哲学书》。④ 西班牙哲学家拉蒙·柳利在罗斯有名⑤，并且不仅是从别洛博茨基的著作中。

9. 按中世纪传统解经的大师、阐释秘笈者和解释圣书的人被称为哲学家。克利缅特·斯莫利亚季奇、约瑟夫·沃洛茨基、济诺维·奥坚斯基并尤其是希腊人马克西姆可归在这一类。对罗斯 16—17 世纪而言，希腊人马克西姆是这一领域最受认可的权威之一，在许多手稿中不是平白无故地称他为"了不起的哲学家""高明的哲学家""哲学家中出色的""僧人哲学家""哲学上十分了得"。⑥

在一部 17 世纪文集中有一段耐人寻味的话。作者在谈到所罗门神庙里的神秘题词无法理解时补充道："……谁也不能解释，除非哲学家。"⑦

革命前的研究者 B.H. 马利宁在谈哲学在罗斯被理解的情况时

---

① 《词诠》，俄罗斯国立图书馆 17 世纪手稿。299 号全宗，№ 1，第 119 张背面。不久前在"古罗斯宗教哲学思想作品"丛书中出版了普希金之家教授 Г.M. 普罗霍罗夫和维也纳大学教授 X. 米克拉斯精心整理的作品学术版：《隐居者菲利普〈宝鉴〉：正教中世纪人学百科词典》（莫斯科 2008 年版）。其中收有原始的希腊语本、古罗斯版本、现代译本和详细注解。

② 《词诠》，俄罗斯国立图书馆 17 世纪手稿。228 号全宗，№ 197，第 176 张背面。

③ B.Ф. 尔日加：《16 世纪的政论家伊·谢·佩列斯韦托夫》，莫斯科 1908 年版，第 78—79 页。

④ A.X. 戈尔芬凯尔：《安德烈·别洛博茨基——17 世纪末 18 世纪初的诗人和哲学家》，载《古罗斯文学部学报》，第 18 卷，莫斯科—列宁格勒 1962 年版，第 188—213 页。

⑤ И. 索科洛夫：《拉蒙·柳利的哲学及其作者》，载《国民教育部杂志》（圣彼得堡），1907 年第 8 期，第 331—338 页。

⑥ M.H. 格罗莫夫：《希腊人马克西姆》，莫斯科 1983 年版，第 173 页。

⑦ A.Ф. 贝奇科夫：《帝国公共图书馆教会斯拉夫语和俄语手稿集编目》，圣彼得堡 1862 年版，第 197 页（手稿，波戈金，№ 1560）。

指出："看来对哲学家较为通常的观点是，他不仅通晓圣经和教父所著，而且头脑灵活、善于分析和反思。"[①] 在经他分析的《叶弗罗辛传》中修道院创始人"通达哲学智慧"；他的论敌看上去是"两个十分了得的哲学家，通晓旧约和新约"；派他们来的柱石约夫被概括为"一行不落的哲学家"，也就是说，善于解释每一行经文。

在约夫辞去圣职的详细的段落中贯穿着"不是哲学家的人"和真正的"哲学家"之间的语义辨析，前者喜爱短暂的此世，后者舍弃尘世的虚空："……不愿意这样在上帝中，好好地做教会的圣体血盒，敷了圣油，什么也不思，不为自己想好事，像哲学家，而不像不知善恶、天上和尘世的人，喜欢上无常虚空，人生逆旅，空虚此世的腐朽，不去顾念来世不朽，生命和不死，天堂和苦难，像哲学家，而不像不是哲学家的人，将这一切抛在脑后，喜欢上尘世享受，此世幻梦，昏昏蒙蒙，既已迷了心窍，哪还想到自己的心。"[②]

10. 不仅是书翰的解释者，自然现象、宇宙和整个世界的阐释者同样被尊为哲学家，世界在中世纪被理解为讲述世界被造的圣经《创世记》的体现。在表现为师生对话的翻译作品《蒙师》中，老师在回答学生关于星球的问题时说："哲学家们说，月亮很大，能罩住整个地球，除了海以外……"[③] 在解释鹰的习性时（在希腊语《博物志》和拉丁语《野兽记》中详细地描写了动物的象征意义）按《申命记》写道："释义。自然哲学家说：鹰把自己的鸟雏迎着太阳放……"[④] 在一定意义上"自然哲学家""格致学家""博物学家"指

---

① 《叶列阿扎尔修道院长老菲洛费伊及其书信》（B.马利宁文学史研究），基辅 1901 年版，第 28 页。

② 同上。

③ H.C.吉洪拉沃夫：《罗斯文学和文物编年史》，第 1 卷（上下册），莫斯科 1859 年版，第 56 页。

④ 《词诠》，俄罗斯国立图书馆 17 世纪手稿。310 号全宗，№ 978，第 81 张。

的是那些后来开始被称为自然学家的人。在中世纪他们是与星象学密切相关的天文学、化学和炼金术、对数字和运算作出象征性阐释的数学等的代表人物。

11. 艺术一脉在总的智慧潮流中没有被否定。不仅语言大师，就连画家、建筑师等艺术和文化作品的创造者也被称为哲学家，只要在他们的创作中反映人的存在的哲学问题。圣叶皮凡尼在《致特维尔的基里尔书》中这样描写著名的拜占庭圣像画家希腊人费奥凡其人："从前我住在莫斯科时，他也住在那里，这是个有名的聪明人，很有智谋的哲学家，希腊人费奥凡，画家老手，出色的圣像画家。"[①] 古罗斯的圣像画家安德烈·鲁布廖夫的创作同样得到很高评价，关于他写道，他"比所有人都有智慧"（据《拉多涅日的谢尔吉传》）。[②]

12. 从原始的希腊语术语"$\varphi\iota\lambda\acute{o}\sigma\sigma\varphi\acute{\iota}\alpha$"（在斯拉夫语中翻译为"爱智""爱智慧""智慧之爱"）的词源出发[③]，索菲亚、智慧的崇拜者被称为哲学家，在基督教传统中则是圣智慧，人格化了的神的智慧索菲亚的形象。智慧索菲亚的形象贯穿整个古罗斯文化，体现在以她为主题的精美的教堂、宏大的壁画和圣像、各种各样的雕塑作品、祝颂歌曲和许多文献史料中。[④] 这一形象成为理解古罗斯哲学是对智慧的形象艺术和美学表达的关键点。[⑤]

① 《古罗斯文学作品：14世纪—15世纪中期》，莫斯科1981年版，第444页。

② 同上书，第380页。

③ И.И.斯列兹涅夫斯基：《文献典籍中的古罗斯语词典资料》，第2卷，圣彼得堡1895年版，第86、186列。

④ A.Amman, Darstellung und Deutung der Sophia im Vorpetrischen Russland, *Orientalia Christiana Periodica*, № 1-2, 1938, pp.120-156.

⑤ 安东尼都主教：《诺夫哥罗德圣像画史料》，见《神学著作》，第27集，莫斯科1986年版，第61—80页；П.А.弗洛连斯基：《真理的柱石》，莫斯科1990年版；М.Н.格罗莫夫：《索菲亚论》，见《新哲学百科词典》，第3卷，莫斯科2001年版，第602—603页。

作为人与智慧联系的崇高理解的例子，可以举详细的《康斯坦丁－基里尔哲学家》第三章，其中讲述他少年时梦见的异象，他被索菲亚的超凡之美打动，与她心灵相许："我望过去，看了所有人，看见一个比别人都美，容光焕发，戴着金项链、耳环和各种饰物，她名叫索菲亚，也就是智慧，就选了她。"[①] 这一章引起许多研究者的注意。意大利的斯拉夫学家 A. 但蒂尤其为它写了论文《圣人的精神指路人：从智慧到圣智慧》。[②]

卡里昂·伊斯托明为索菲娅·阿列克谢耶夫娜公主写的贺诗中的颂词即便没有这么崇高，却也相当恭敬。公主的名讳索菲娅被莫斯科巴洛克时代的一些活动家拿来演绎：

> 智慧在罗斯这样叫，
> 希腊自古称她索菲亚。
> 爱她的人称为哲学家
> 并且用美德来装饰。
> ……
>
> 罗斯大地从古到今
> 神圣的智慧光荣所愿：
> 年幼的儿童学习智慧
> 并采集智慧的花朵；
> 成年的男子习得智慧，

---

① 俄罗斯国立图书馆 15 世纪后 25 年手稿。莫斯科神学院，173 号全宗，№ 19，第 366 张。

② A.Danti, *L'itinerario Spiritual di un santo: dalla Saggezza alla Sapienza. Note sul cap.* Ⅲ *della Vita Constantini*，见《康斯坦丁－基里尔哲学家》（诞辰 1150 周年学术会议资料），索菲亚 1981 年版，第 37—58 页。

摆脱一切艰难困苦。①

13. 在西方天主教传统中通行的启示真理和理性真理之分、无需证明的信仰和需要论证的理性知识之分也逐渐传入罗斯。在安德烈·别洛博茨基笔下的《认信》中，关于许多现象和概念的意义问题更应该由"哲学家提出来，而不是神学家"。思想家的突出特点是："哲学家理智深刻，在一切事物中寻找基础，讨论肇因……"② "肇因"指的是原因。

14. 英明的统治者作为政治智慧的代表有时被称为哲学家，无论是现实的历史人物还是理想的君王形象。拜占庭皇帝有时被描述为第一种人——定基督教为东罗马帝国正式宗教的君士坦丁大帝和修建中世纪最宏伟的"智慧房屋"君士坦丁堡索菲亚堂的查士丁尼。第二种人的例子可以举伊万·佩列斯韦托夫《穆罕默德苏丹轶事》中的土耳其君主的形象。③ 统治者的有智慧的谋臣被称为哲学家，如《往年纪事》中的米海尔三世皇帝的近臣被这样称呼（"所有哲学家"），在上面提到的伪经中的所罗门王和示巴女王的近侍也被这样称呼。这种朝中贤哲的制度在东方流行甚广。

还是那个伊万·佩列斯韦托夫在《奏章一》中关于瓦拉几亚的统帅彼得（在古罗斯史料中这样称呼斯提芬大公的儿子、摩尔多瓦的彼得·拉雷什四世公）写道："彼得统帅本人是有学问的哲学家和有智慧的博士"。④ 在通称为《政治学》的尤里·克里扎尼奇《话统

---

① C. 斯米尔诺夫：《莫斯科斯拉夫 - 希腊 - 拉丁学院史》，莫斯科 1855 年版，附录，第 396—397 页。

② A. X. 戈尔芬凯尔：《安德烈·别洛博茨基——17 世纪末 18 世纪初的诗人和哲学家》，载《古罗斯文学部学报》，第 18 卷，第 209 页。

③ A. A. 济明：《伊·佩列斯韦托夫著作集》，莫斯科—列宁格勒 1956 年版。

④ B. Ф. 尔日加：《16 世纪的政论家伊·谢·佩列斯韦托夫》，第 68 页。

治》中，阿列克谢·米哈伊洛维奇沙皇作为贤明的国家统治者被称为哲学家。[①] 这里还在政治学的背景下提到他的光荣的前辈：马其顿的亚历山大、奥古斯都和君士坦丁皇帝。克里扎尼奇关于智慧、哲学和知识的相互关系的思想以及他的学科图表对理解罗斯 17 世纪中期的哲学富有很大趣味。[②]

15. 口才好的人同样可以称为哲学家："雄辩家——能言善辩者，也可以称哲学家或修辞家。"[③] 有一种看法把诡辩家视为精明的哲学家，既在肯定的也在否定的意义上。如在《词诠》中写道（并非总确切符合希腊语术语）："诡辩家——智者。智辩家——哲人。智——哲。智士——哲学家。智谋家——诡诈者。"[④]

16. 哲学家有时指的是思辨活动的有经验的教导者，例如，在言辞技巧、懂外语或特定的学科上。希腊人马克西姆笔下有一篇有趣的作品《论远来的哲学家》，"以希腊的智慧方式试探"，以便考验每位到来的希腊语教师。[⑤] 在最初的含义上对术语"学者"的理解与"哲学家"概念相近，这一点从《词诠》中明显可见："学者——老师。学童——学生。学堂——学校。"[⑥] 按另一个抄本："学者——老师或哲学家。"[⑦]

17. 哲学按古老的传统可理解为对人的人文培养，或形象地说是，耕耘人的心田。都知道一个与苏格拉底有关的训喻情节，他向过分迷恋种田的人指出，正在冒使自己的心灵荒芜破败的危险："苏

---

① 尤里·克里扎尼奇：《政治学》，莫斯科 1965 年版，第 475 页。

② A.Pažanin, Pojam Mudrosti u Filozofiji Jurja Križanića, in *Život i Djelo Jurja Križanića*, Zagreb, 1974, cc. 7-14.

③ 《词诠》，俄罗斯国立图书馆 17 世纪手稿。299 号全宗，№ 473，第 27 张背面。

④ 《词诠》，俄罗斯国立图书馆 17 世纪手稿。299 号全宗，№ 1，第 292 张及背面。

⑤ 《希腊人马克西姆著作集》，第 3 卷，喀山 1862 年版，第 286—288 页。

⑥ 《词诠》，俄罗斯国立图书馆 17 世纪手稿。299 号全宗，№ 1，第 291 张。

⑦ 《词诠》，俄罗斯国立图书馆 17 世纪手稿。228 号全宗，№ 197，第 133 张背面。

格拉底。他见自己的弟子一心耕田而荒废学业，说道：'小心哪，朋友，别只想着种地，却让心灵荒芜破败。'"① 由此可理解下面的格言："农人耕田，哲学家耘心。"② 哲学家也被比作医治人的本然的高明医生。波洛茨克的西梅翁在他的《百花园》"哲学"一章写道："如医道医治疾病，哲学匡正心中恶习。"③

18. 人的自我培养、与磨难作斗争和锻炼自己身心的技巧与哲学对存在的态度有关。如在《蜜蜂集》中写道："神学家。哲学家常受苦难。就像铁淬火而坚，哲学家也在困厄中立身。"④ 在这里哲学被视为双刃剑，既可用于为人行善，也可用于对人作恶："神学家。哲学教义可为柔顺者行善事的兵器，也可为诡诈者做恶事的毒针。"⑤

19. "哲学家"一词也针对以下人使用：他们思维卓异、对书籍感兴趣、善于理解书的隐秘含义、追求崇高之物。在《伊帕季编年史》中关于沃伦的弗拉基米尔公写道："弗拉基米尔能解箴言和隐晦的词句，和主教讲述许多书中所得，因为他是大读书人和哲学家，在整个大地前无古人，后无来者。"⑥ 这句话的后半句（从"因为他是读书人和哲学家"开始）有稳定的固定性，用在不同的人身上，当要用礼貌和尊敬的形式强调他们有智慧时。关于克利缅特·斯莫利亚季奇几乎同样写道，他是"罗斯大地从未有过的读书人和哲学家"。⑦

20. 最后，哲学家可以指文化很高的从事人文活动的人。关于

---

① В.谢苗诺夫：《按羊皮纸抄本的古罗斯〈蜜蜂集〉》，第10页。
② 同上书，第171页。
③ 波洛茨克的西梅翁：《著作选集》，И.П.叶廖明整理、作引言和注解，莫斯科—列宁格勒1953年版，第71页。
④ 俄罗斯国家图书馆17世纪手稿。Солов.№869/979，第126张。
⑤ 同上书，第113张及背面。
⑥ 《伊帕季抄本编年史》，圣彼得堡1871年版，第601页。
⑦ 《罗斯编年史全录》，第2卷，圣彼得堡1908年第2版，第340列。

文艺复兴时期意大利有名的活动家、出版商阿尔多·马努齐奥，认识他的希腊人马克西姆这样写道："……在威尼斯住着一位哲学家，很有智谋，名叫阿尔都，绰号马努齐奥；他是意大利人，父亲是罗马人，古罗马的苗裔；精通罗曼语和希腊语。我认识他，在威尼斯见过他，经常为书的事找他。"[1]

以上的分类并不能穷尽所有，而只是以某种方式对大量的经验材料加以整理。在阐明如此多义的"哲学家"术语时可能发现新的细微差异。前面写道，按 Е.Э.格兰斯特列姆所说，毕业于马格诺拉高等学府的人获得"授课权和'哲学家'称号，相当于教师称号"。[2] 在西欧大学里形成了向毕业生授予"哲学博士"称号的同样传统。在古罗斯文献中以间接方式碰到"哲学家"术语的类似意义；有时通过对比传记、历史和辞书材料能够发现其最初含义。

例如，相对不久以前在一部 15 世纪文集（1980 年收入 В.И.列宁国立图书馆手稿部，包含在著名的旧礼仪派藏书家 М.И.丘瓦诺夫的收藏品中）基础上，为学术界发现了另一位 11 世纪的古罗斯作者格列高利哲学家的名字。他从察里格勒随都主教格奥尔吉在伊贾斯拉夫·雅罗斯拉维奇 1062—1063 年当大公时到访，明显是一位同奥赫里德大主教区有关的保加利亚人。格列高利哲学家留下一组一周六天的训谕，以前被托在其他作者（基里尔哲学家或别尔哥罗德主教格列高利哲学家）名下。论文的作者们认为，这个人获得"哲学家"绰号很有可能是因为他在马格诺拉学院里学习过。[3]

彼得·波斯尼科夫是俄国人中第一个获得哲学和医学博士学位

---

① 俄罗斯国立图书馆 16 世纪中期手稿。鲁缅采夫，№ 264，第 99 张。
② Е.Э.格兰斯特列姆：《克利缅特·斯莫利亚季奇为什么被称为"哲学家"》，第 25 页。
③ Ю.Д.雷科夫、А.А.图里洛夫：《11 世纪保加利亚、拜占庭和罗斯交往中不为人知的插曲（基辅著作家格列高利哲学家）》，见《苏联领土上的古国：资料与研究》(1983 年)，莫斯科 1984 年版，第 170—175 页。

的人，他是斯拉夫 - 希腊 - 拉丁学院毕业生，被派到巴杜亚大学，在 1694 年顺利修完两年学业。[①] 他的同窗帕拉迪·罗戈夫斯基也成为哲学博士[②]，在他们以前有许多乌克兰和白俄罗斯文化人士在欧洲的大学和公学里学习过，并取得相应称号和学位。大约有 2000 名来自立陶宛大公国的人登记在欧洲大学的名册，其中有不少是白俄罗斯人和乌克兰人。[③]

要指出的是，根据古罗斯文献阐释"哲学家"术语要考虑第一手资料的语境，结合不同于从字面上表面读到的词的中世纪语义。例如，希腊人马克西姆在给费多尔·卡尔波夫的回信中（顺便说一下，收信人在信中自称为"哲学家"并谈论"哲学书籍"的特点）写道："看在上帝分上，可别叫我哲学家，我是出家人，比所有人都无知。"[④] 这种说法对于俄国中世纪的头号思想家之一来说不过是自谦之词（captatio benevolentiae）。[⑤]

在大司铎阿瓦库姆给"众信徒"的信里能读到这样的话："我算哪门子哲学家？是个有罪的粗人。"[⑥] 自然，他是农民家庭出身，不同于他的思想对头，如波洛茨克的西梅翁或尤里·克里扎尼奇等人，不懂希腊语、拉丁语等西方语言，没有受过欧洲巴洛克文化时代的

---

① E. 施穆尔洛：《彼·波斯尼科夫（他的一些传记材料）》，载《尤里耶夫大学学报》，1884 年第 1 期，第 73—238 页。

② M. 尼科利斯基：《17 世纪留洋的俄国人——帕拉迪·罗戈夫斯基》，见《正教评论》，第 10 卷，1863 年版，第 162—193 页。

③ P.M. 普列奇凯季斯：《立陶宛哲学初探》，见《白俄罗斯和立陶宛的哲学与社会政治思想》（十月革命以前），明斯克 1987 年版，第 38 页。

④ H.K. 尼科利斯基：《古罗斯宗教文献史资料》，载《基督教论丛》，1909 年第 2 卷，第 8—9 期，第 1119—1125 页。

⑤ E.R.Curtius, *Europälsche Literatur und Lateinisches Mittelalter*, 7, Aufl, Bern-München, 1969, ss. 410-415.

⑥ H.C. 杰姆科娃：《大司铎阿瓦库姆不为人知和未出版的著作文献》，载《古罗斯文学部学报》，第 21 卷，第 234 页。

养成，但凭自己的天赋、才智和追求领会所发生事件的含义，凭着对教父作品的了解，他不仅是旧罗斯的鲜明体现者和旧礼仪派的思想领袖，而且是一位出类拔萃的思想家。

古罗斯传统进入 18—19 世纪的文化，尤其是在旧礼仪派环境中。谢苗·杰尼索夫在给诺夫哥罗德主教约夫的书信中称约翰尼基·利胡德为"希腊哲学家"。[①] 他本人在 1741 年去世后也被维格河诗人之一在《哀死去的神父》中悼以下面的诗句："德高的神父西梅翁离我而去，卓异的哲学家升入天堂。"[②]

基本上是重印手稿文献的古版书提供了补充材料。在使用"哲学家"和相近术语的史料中，可以指出提到过的《基里尔书》（莫斯科 1644 年版）、梅列季·斯莫特里茨基《文法》（莫斯科 1648 年版）、叶皮凡尼·斯拉维涅茨基的翻译作品集（莫斯科 1655 年版）等。《文法》中刊登了有趣的序和跋，借希腊人马克西姆之名讨论语言科学与哲学的相互关系问题；叶皮凡尼·斯拉维涅茨基（在序言中被称为"在哲学和神学上出色的老师"）笔下的译作中也包含大马士革的约翰的作品和大巴西尔的《六日说》——教父时代的优秀自然哲学著作之一。

与绘画材料有关的文字资料也不应被排除在探讨之外。古罗斯识字课本（按内容比现代课本严肃得多）中有不少哲学知识元素：宗教作品节选，对"存在""上帝""圣三一"等术语的解释，劝导年轻的心灵向上和谨慎对待存在的含义深刻的警句。例如，在配有列昂季·布宁的版画插图的卡里昂·伊斯托明《识字课本》（莫斯科

第一章　古罗斯关于哲学家的观念

---

① M. 斯缅措夫斯基：《教会史资料》（"利胡德兄弟"研究补论），圣彼得堡 1899 年版，第 33—44 页。

② 《17—18 世纪的俄国音节体诗歌》，A .M. 潘琴科整理，列宁格勒 1970 年版，第 305 页。

1694 年版）中，卷首插图画着基督手拿一本书，书上题着一句话：
"我智慧以灵明为居所"；在他左首和右首站着手捧书卷的少年，上
面写着学科的名称，包括哲学在内；"哲"字上面有一句格言："在
哲学中观察万物，摆脱自大之炉"；在有希腊语字母"克西"的一页
上，在诸圣者中有一幅题为"哲学家克桑弗"的圣人像。

　　古罗斯艺术作品上的题词及这些作品本身（圣像、湿壁画、细
密画）深化了罗斯关于哲学和哲学家的观念。在 П.Д. 科林收藏品
中的 17 世纪末北派圣像画《复活——下临地狱》中，色彩鲜明地刻
画出渴望天堂的古代先知和以朱砂题词"哲学家"的哲人们。[1] 柏拉
图、亚里士多德、阿那克萨哥拉等古代哲学家，以及归在他们之列
的荷马、维吉尔、希波克拉底等的形象独具特色。[2] 柏拉图的像用描
金工艺画在科斯特罗马的伊帕季修道院圣三一大教堂的南门上，他
与阿波罗都被表现为预告基督出现的先知形象。[3] 有趣的是，按《圣
像真迹》他要被画成带点儿"斯拉夫人的"样子："罗斯人，鬈发，
戴冠；袍子青色，衬里朱红色；手指着书卷"。[4] 有大量的希腊人马
克西姆这种思想家的圣像画。[5]

　　能够作总结说，"哲学家"术语在罗斯有相当多的语义——含义
色彩从褒义到贬义，从多神教到基督教，从宽泛到精确，上面曾作
出将其系统化的尝试。

　　在下面引的例子中有一些色彩鲜明的伪经片段，明显地流露出

---

① В.И. 安东诺娃：《帕维尔·科林收藏品中的古罗斯艺术》，莫斯科 1966 年版，第
　　127—128 页（№ 104）。
② Н.А. 卡扎珂娃：《"希腊哲人的预言"及其在 16—17 世纪罗斯绘画中的反映》，载
　　《古罗斯文学部学报》，第 17 卷，莫斯科—列宁格勒 1961 年版，第 358—368 页。
③ С. 马斯列尼岑：《科斯特罗马》，列宁格勒 1966 年版，图 73。
④ Ф. 布斯拉耶夫：《古罗斯民间文学和艺术》，圣彼得堡 1861 年版，第 360—365 页。
⑤ О.А. 别洛布罗娃：《希腊人马克西姆的圣像画问题》，载《古罗斯文学部学报》，第
　　15 卷，第 301—309 页。

"哲学家"术语的丰富多元语义的个别细微差异：是明智的统治者，也是谋臣，是读书人，也是自然现象和世界本身的解释者。文献的名称是《所罗门王的智慧和南方女王与哲学家逸事》。我们部分地加以摘引：

> "所罗门王以智慧名扬天下，众多国王和女王都来与他结交。所罗门王带着仆人到过许多地方，在众位国王和女王面前讲论哲学。
>
> 过了不久，一位南方女王带着哲学家们来到他这里。
>
> 回到自己的国后，她开始同哲学家们思量，派谁去见所罗门和说些什么。女王打发自己的仆人去，说道：'去告诉所罗门，魔怔加魔怔，聪明加聪明。'所罗门解开了这个谜，给她送来葡萄酒和百戏艺人，哲学家和书。她惊叹于他的智慧。所罗门请她来自己这里；女王来了以后，又设宴款待。入席时所罗门王和自己的王公贵族及哲学家们坐在一边，女王和自己的哲学家们坐在对面，想要试探所罗门，说道：'整个世界由四种东西组成：干、热、湿、寒，它们是什么？'所罗门回答说：'干是春，热是夏，湿是秋，寒是冬。'
>
> 女王的哲学家们说道：'女王陛下，我们不是所罗门和他的哲人们的对手。'"[1]

书归正传，要指出的是，在提到和没有提到名字的哲学家中，第一名无可争议地属于斯拉夫文化大活动家圣康斯坦丁 - 基里尔哲学家（827—869），他与自己的弟弟、志同道合者圣梅福季一起完成

---

[1] A.H. 佩平：《罗斯古代的假经和伪书》，圣彼得堡1862年版，第61—63页（按托尔斯泰收藏品中的17—18世纪手稿，第2集，№140）。

了不朽的精神功业——创建斯拉夫文字，并以此为许多民族启蒙，向"尚无文字的人"启示道。[①] 他度过短暂的 42 年的鲜明和建功立业的一生，赢得成为他名字一部分的哲学家荣誉称号。

在希腊斯拉夫世界里不多的人获得了这种荣誉。可以举殉道者查士丁、西奈的尼尔、认信者马克西姆、希腊人马克西姆为例，他们被冠以哲学家的崇高称号，成为他们名字的不可分离的部分。康斯坦丁 - 基里尔为何被称为哲学家？对此有几种观点。

据潘诺的基里尔传（被托在其弟子奥赫里德的克利门特名下），是因为他当过哲学老师。[②] 在拉丁语史料中，所谓的教皇克雷芒尸骨从赫尔松涅斯迁至罗马的意大利传说中，"是因为他自幼表现得聪慧过人"。[③] 前面提到过的 Е.Э. 格兰斯特列姆认为，基里尔最初获得哲学家封号是因为上过马格诺拉高等学府（有时称君士坦丁堡大学）。[④]

很难最终决定基里尔为何获得哲学家称号，但在许多辈人的意识中确立的看法是，他获得这一称号是因为伟大的文化功业——创建斯拉夫文字。这种阐释表现在许多古罗斯的文献典籍中，在那里频频碰到基里尔的名字，从最古老的史料——《奥斯特罗米尔福音书》（在 2 月 14 日悼念日下面）和《1073 年文选》（在论读书的文章中）开始。同时必须明确的是，在一些权威研究者看来，基里尔与弟弟梅福季一起创建了格拉哥里字母，这种字母书写较为复杂，

---

① М.Д. 贝奇瓦罗夫、В.С. 戈尔斯基：《古罗斯与保加利亚哲学文化交往的特点及主要方向》，见《俄罗斯、乌克兰和保加利亚人的哲学文化共同性探源》，基辅 1983 年版；А.-Э.Н. 塔希奥斯：《斯拉夫人的启蒙者——基里尔和梅福季圣兄弟》，谢尔吉镇 2005 年版；Г.М. 普罗霍罗夫：《给斯拉夫人的文字》，见 Г.М. 普罗霍罗夫：《曾经不是民族，而今却是神的子民…… 古罗斯作为文化史现象》，圣彼得堡 2010 年版，第 48—82 页。

② 《基里尔—梅福季文集》，莫斯科 1865 年版，第 13 页。

③ 同上书，第 327 页。

④ Е.Э. 格兰斯特列姆：《克利缅特·斯莫利亚季奇为什么被称为"哲学家"》，第 26 页。她还指出，在西方现在也有向大学毕业生授予"哲学博士"封号的传统。

没有获得广泛传播。基里尔字母被托在萨洛尼卡兄弟的弟子们名下，他们用自己创建的新的斯拉夫语字母来纪念老师之一，这种字母在希腊语安色尔多角体字母基础上形成，使用起来更方便并获得广泛传播。Г.M.普罗霍罗夫坚持认为基里尔字母由基里尔本人创建。

有代表性的是，圣叶皮凡尼在讲述创建济良语字母的彼尔姆的斯特凡的启蒙活动时，关于这位罗斯的修行者写道："这真是一位新哲学家。"他把两位伟人的活动作了如下比较："彼处是基里尔，此处是斯特凡，两个都是善人、贤才，不仅智慧相当，功业也比肩……"① 自然，论规模和意义斯特凡的活动无法与基里尔的劳动相比，但他们的作为的含义却相同——开化民族，真正的使徒传教。

为了画面完整要指出的是，在一些罗斯史料中有两位生活在基里尔之后的保加利亚作者也被称为哲学家（很可能是因为同名）：普雷斯拉夫的康斯坦丁、梅福季的弟子，创作了《劝喻福音》《字母诗》和一系列其他著作，以及科斯泰内茨的康斯坦丁，15世纪的文法家和神学家。② 显然，在古罗斯读书人的意识中有时把这两位作者与斯拉夫人的祖师等同起来，后者的权威非常高，有不少作品托在他名下，包括那些明显不属于他的作品。③

根据 H.K.尼科利斯基的统计，有不到50篇的著作被归在启蒙者笔下。同样根据他的分类，这些作品包括：（1）格言或箴言；（2）论战文章；（3）训导；（4）传道词；（5）祷告。④

---

① 圣叶皮凡尼：《彼尔姆主教斯特凡记》，见《Г.库舍列夫 - 别兹博罗德科出版的古罗斯文学作品》，第4辑，第151—156页。

② E.B.佩图霍夫：《关于古罗斯作品中的基里尔作者问题》，圣彼得堡1887年版。

③ M.H.格罗莫夫：《论"哲学家"术语在罗斯的意义》，见《古罗斯文学阐微》，第2集，莫斯科1989年版，第447—480页。

④ H.K.尼科利斯基：《关于托在基里尔哲学家名下的著作问题》，列宁格勒1928年版，第399—457页。

很难说其中哪些是真迹，哪些是伪作。和大多数中世纪作者一样，按形成的标准礼，基里尔没有在自己的作品上题名（了解祖师的梵蒂冈司书阿纳斯塔西在给主教高德里克的信中证实了这一点）。

目前无可争议地认为《论正信书》是基里尔的作品。阿纳斯塔西提到他的三篇用希腊语写的著作。此外，祖师懂拉丁语、阿拉伯语和可萨语。因此，尽管他基本上用斯拉夫语和希腊语写作，不排除也有一些用他懂的其他语言写的论战或教义著作。托在基里尔名下的著作例子可以举《基里尔哲学家六日说》——一周六天、除周日外的训喻文字。[①]

有许多不同层面的作品讲述关于基里尔、他的弟弟梅福季和他们的启蒙活动：书信、月书、年表、帕里亚书、汇编、训诫集、词诠、教历等。[②] 有关基里尔的最有内容的史料是详细的传记（潘诺校本），有很大的可能性被归在其弟子奥赫里德的克利门特名下。[③] 到目前为止已经知道这部传记 15—18 世纪的 48 个抄本，基本上是俄语底本。最古老和最接近原作的抄本之一是莫斯科神学院收藏品中的第 19 号 15 世纪中期的抄本，现藏于俄罗斯国立图书馆（国图）手稿部。П.А. 拉夫罗夫用原文将它出版 [④]，Б.Н. 弗洛里亚出版了俄译本并配有详细注解。[⑤]

基里尔的活动在哲学上的重要性不仅可以解释为他创建了文字，

---

① А.И. 索博列夫斯基：《基里尔哲学家六日说》，载《科学院俄罗斯语言文学部通报》，第 6 卷第 2 期，圣彼得堡 1901 年版，第 177—202 页。

② О. 博江斯基：《基里尔和梅福季》（有关斯拉夫部落祖师和启蒙者活动的作品集），莫斯科 1863 年版；Н.В. 雅斯特列博夫：《基里尔和梅福季生平活动史料集》，圣彼得堡 1911 年版；Г.А. 伊利因斯基：《基里尔—梅福季系统书目初编》，索非亚 1934 年版；《基里尔—梅福季书目》，斯韦特林·尼科洛夫主编，索非亚 2003 年版。

③ 奥赫里德的克利门特：《著作集》，第 3 卷，索非亚 1973 年版，第 34—35 页。

④ П.А. 拉夫罗夫：《最古老的斯拉夫文献出现史材料》，列宁格勒 1930 年版，第 1—39 页。

⑤ 《斯拉夫文字开端轶闻》，莫斯科 1981 年版，第 71—92、105—142 页。

也就是思想的记录阐述方式和思维工具之一。他和哲学有直接的关系。

首先，基里尔在把正经从希腊语翻译过来时成为斯拉夫语哲学术语的奠基人。他和梅福季一起将以下概念作为范畴引入我们的言语和思维中——"本然、属性、实质、自然、宇宙、律法、有、无、上帝、神祇、理念、存在、概念、物、智慧、想象、辩证法、哲学等等"。[①] 自然，其中有许多词以前在斯拉夫语里就知道，但神学哲学内容的充实和将其引入书面语却正是从使徒般的兄弟二人的启蒙传教开始。

基督教读物中最早的哲学定义之一和斯拉夫语读物中第一个哲学定义为基里尔所下，包含在他的传记中。在上面提到的莫斯科神学院第 19 号抄本中（与注疏收入《十六先知书》，排在第 365 张—第 389 张背面），基里尔的生平以朱砂题有书名："二月 14（日）。我们的圣神父康斯坦丁哲学家，斯拉夫人的第一位教导者和老师的传记、生平及功业。"哲学定义本身是回答罗各非特的问题，他是庇护基里尔的拜占庭皇帝的首席大臣。

我们从这段对话中引一些文字："有一次问他道：哲学家，我想知道，什么是哲学。他立刻机敏地答道：能解神和人的事，人怎样接近神，教人按造他者的形象和样式为人。从这以后更加喜欢他，不断地问他各种问题，因为是正人君子。他则授之哲学的学问，言简而意赅。"[②]

从片段的语境来看，首先，哲学定义是在口头答问中给出的，其次，强调它的精炼："言简而意赅。"该定义在各种抄本中有所不

第一章 古罗斯关于哲学家的观念

① Л. 瓦伊西洛夫：《康斯坦丁·基里尔哲学家》，见《保加利亚哲学思想简史》，译自保加利亚语，莫斯科 1977 年版，第 26—27 页。
② 俄罗斯国立图书馆手稿。莫斯科神学院，№ 19，第 367 张背面。

同。它不仅包含在传记中，也包含在大马士革的约翰《辩证法》抄本、杂俎集和词诠等里面。罗斯抄本在后来给出更详细的阐述。例如，我们在国家历史博物馆休金收藏品中的 1668 年文集中读到以下版本："学者、罗各非特瓦拉西赫·基阿尔特问圣康斯坦丁哲学家什么是哲学。回答他道：哲学是敬畏上帝，哲学是有德行的生活，哲学是不犯各种罪，哲学是对上帝不息的爱，哲学是省察神的事和人的智，人怎样行善事接近上帝"。[①]

这个展开定义的特点是，罗各非特被称为"学者"并指出名姓。加进来大马士革人式的反复定义"哲学是……"但有不同内容。基里尔本人的话被放在定义末尾。该版本提供的是后来出现在罗斯本土、经匿名作者补充并托在基里尔名下的更详细和复杂的哲学定义。它出现在一系列抄本中，例如，国家历史博物馆 17 世纪手稿，Син.№ 107/54，第 412 张背面；俄罗斯国家图书馆手稿，Сол.№ 13/13，第 8 张及背面。

探究基里尔的最初定义在斯拉夫罗斯文献里的演变、比较各种版本并分析其多样性会很有意思，这将为研究罗斯和保加利亚在中古时期的哲学交往作出具体贡献。但遗憾的是，目前该题目未被研究，就连整个基里尔和梅福季遗产从哲学角度上也很少被研究，关于这一点韦尔乔·韦尔切夫在谈到基里尔绰号哲学家时公正地指出："尽管这一绰号伴随康斯坦丁的名字已有 11 个世纪，不仅保加利亚人，而且其他一切斯拉夫人的哲学思想史都从他开始，他给出斯拉夫世界里的第一个哲学定义等情况，他的哲学观点几乎没有被研究过。"[②]

---

① 国家历史博物馆手稿。休金，№ 555，第 7 张。
② B. 韦尔切夫：《康斯坦丁·基里尔是哲学家》，见《康斯坦丁 - 基里尔哲学家》（诞辰 1150 周年学术会议资料），第 73 页。

但也不能说，基里尔的哲学定义没有被研究过。有不少主要是语文学家和历史学家的成果对它进行分析，但基本上是就最初的版本。[①] 自然，托在祖师名下的后期版本是一些伪作，但正是它们对于研究古罗斯作者的哲学观点富有趣味，遗憾的是，这些作者经常不为人知，但这并不能贬低他们对祖国哲学思想发展的贡献。

整体上研究者指出基里尔的最初定义接近于大马士革的约翰和大巴西尔的观点（Н.К.尼科利斯基）、古代和圣经传统（И.杜伊切夫、В.韦尔切夫、Б.佩伊切夫）。"如美国的拜占庭学者И.舍夫琴科所表明，康斯坦丁所给的哲学定义实际上可追溯至哲学的折中定义（'斯多亚派的'定义——'神和人的事的意义'和柏拉图的理念——关于借助哲学知识而接近上帝的共生物），这些定义在一系列6—7世纪的古代晚期哲学'纲要'中能够发现。"[②]

这一补充上圣经《创世记》中关于人"按上帝的形象和样式"所造之语的基督教化的古代表述，也许是在拜占庭皇帝宫廷的某个学者圈子里制定出来的。

在东方基督教世界除哲学的分析性定义以外，还存在关于最高智慧和神的智慧索菲亚形象的诗歌形象观念，作为古代、《圣经》和

---

① H.K.尼科利斯基：《关于托在基里尔哲学家名下的著作问题》，列宁格勒1928年版；Б.佩伊切夫：《基里尔所下的哲学定义》，见《康斯坦丁－基里尔哲学家》，索非亚1969年版，第69—74页；В.韦尔切夫：《斯拉夫启蒙者的事迹》，见《历史和文化中的康斯坦丁－基里尔哲学家》，索非亚1971年版；I.Ševčenko, The Definition of Philosophy in the Life of Saint Constantine, in *For Roman Jacobson*... The Hague, 1956, pp. 449-457.

② Б.Н.弗洛里亚：《康斯坦丁传注解》，见《斯拉夫文字开端轶闻》，第109页。

诺斯替观念的综合而出现。[①]

希腊斯拉夫世界里的大量文献、绘画、雕塑和建筑以这一象征性表达的崇高智慧为主题。只要回想一下君士坦丁堡、萨洛尼卡、奥赫里德、索菲亚、基辅、诺夫哥罗德、波洛茨克、托博尔斯克和莫斯科等地的索菲亚堂，以及大量以智慧为题材的圣像、湿壁画、幔布等实用艺术作品就足够了。[②] 索菲亚论在祖国文化中成为俄国思想在神学、哲学和艺术交汇点上的主导方向之一。

康斯坦丁-基里尔也与这种最高知识的观念有关。在传记第三章有一个意味深长的情节，讲述他少年时在梦中所作的选择（前面简要提到过）。地方官叫来城中的漂亮女子，让他为自己选一位伴侣和内助。康斯坦丁选了她们中最漂亮的，名字叫索菲亚，"因为看见'一个比别人都美'"。[③] 这个情节在一些手稿中被称为"异象"（梦兆）；它引起一系列研究者的注意，察觉出它与纳西昂的格列高利的一篇著作有相似处，在后者中描写贞洁和智慧两位美女在拜占庭作者面前显现，并引导他过上崇高的精神生活。

这个情节在祖师的生平中起着至关重要的作用。自觉选择智慧

---

① 关于索菲亚的文献非常之多、种类不一且相互矛盾，原因是其形象在不同的哲学学派里有不同的解释：A.尼科利斯基：《神的智慧索菲亚》，圣彼得堡1905年版；Г.弗洛罗夫斯基：《论拜占庭和罗斯对神的智慧索菲亚的崇拜》，见《第五次境外俄国学术组织代表大会通报》，第1卷，索菲亚1932年版；C.C.阿韦林采夫：《基辅索菲亚教堂中部半圆室圆顶上的题词释义》，见《古罗斯艺术和蒙古以前的罗斯艺术文化》，莫斯科1972年版；M.H.格罗莫夫：《中古罗斯的神圣智慧形象》，载《新俄罗斯》，1997年第1期；等等。

② П.Г.列别金采夫：《俄国北方和南方圣像画里的神的智慧索菲亚》，载《基辅旧事》，1884年12月刊；T.A.西多罗娃：《沃洛托沃壁画〈智慧建造房屋〉及其与14世纪诺夫哥罗德的斯特里戈尔尼克派异端的关系》，载《古罗斯文学部学报》，第26卷，列宁格勒1971年版；A.И.雅科夫列娃：《圣像〈神的智慧索菲亚〉中的"世界形象"》，见《古罗斯艺术》（问题与考证），莫斯科1977年版；B.B.贝奇科夫：《11—17世纪的罗斯美学》，莫斯科1995年版。

③ 俄罗斯国立图书馆手稿。莫斯科神学院，№ 19，第366张。

作为最高价值并刻苦无私地事奉——只有这种道德和价值方针才能获得大的成就。接下来所描写的拒绝尘世之福、个人生活、财富和权力是所作选择的结果。在这里不能不注意另一个描写得不那么鲜明而同样意味深长的情节，也在传记第三章中。康斯坦丁带着心爱的鹰去田野打猎，风把鸟刮走了，男孩痛苦了很久。但他后来明白，这是给他的征兆：不值得用心挂念世俗之乐，不值得把心血花在易变的存在游戏上，不值得迷恋空虚和短暂的事物，而应该把精神和身体的全部力量指向追求最高价值的道路。①

事奉智慧、哲学思考和精神创造在中世纪被认为不仅是理智的、而且是情感的过程。修行者用整个心灵、怀着爱和喜悦地事奉选定的理念。他也用这样的情感手段作用于倾听他的追随者。我们在按14世纪的保加利亚抄本为斯拉夫人祖师的祝祷中找到下面的话："活着时像蜜蜂一样，啜饮甘醇的明哲之蜜入心…… 从小爱智慧，为自己寻得真智慧。"②修行者同样"以道和心和言"教诲。这一认识论中的单独路线值得注意，它专注于智慧的情感体验，体现在柏拉图的"爱若斯"、奥古斯丁透彻一切的"爱"和帕斯卡的"心"是人的实质的聚集地等认识热情上，在世界哲学思想中占不小的位置。③

智慧在古代和中世纪并非没有个性的思想堆砌。她因其完善而美好，以其崇高而醉人，用美的光辉吸引人——也可以爱上她，如圣基里尔所做的那样。书籍不是平白无故地受到重视，用封套和细

① A.Danti, *L'itinerario Spiritual di un santo: dalla Saggezza alla Sapienza. Note sul cap. III della Vita Constantini*, 见《康斯坦丁－基里尔哲学家》（诞辰1150周年学术会议资料），第37—58页。

② 引自А.И.亚历山德罗夫：《为斯拉夫人圣使徒基里尔和梅福季的祝祷》，华沙1893年版，第7页。

③ П.Д.尤尔凯维奇：《心及其在人的精神生活中的意义——按神的道之说》，见《尤尔凯维奇哲学著作》，莫斯科1990年版，第69—103页。

密画装饰，取五颜六色的名称——《绿宝石集》《珍珠集》《金链集》《金水集》，像珍品一样被收藏和赠送。在这个意义上与康斯坦丁 - 基里尔的名字联系在一起的一组文献都不仅具有情报上的重要性，而且表现出艺术和美学价值，因为有关他的文献典籍都具有不容置疑的文学成就，它们编排得当，形式完美，语言鲜明生动。哲学的与美学的密不可分地融在其中。

斯拉夫人的伟大祖师的名字不仅在俄国古代、而且在近代都赢得到应有的荣誉和尊重。在诺夫哥罗德内城堡中矗立着一座非常有名的纪念碑《千年俄罗斯》，1862 年按雕塑家 M.O. 米克申的设计建造完成。① 在圆形纪念碑中部的浮雕上刻着几十位杰出的祖国文化和国务活动家。他们中表现在最前面的是基里尔和梅福季。我们也不妨更多地回忆起立于我国文化（包括哲学和神学思想在内）源头的伟大祖师。令人高兴的是，在莫斯科 1992 年的斯拉夫文化日节日期间，在斯拉夫广场隆重地为当代雕塑家 B.M. 克雷科夫建造的祖师纪念碑揭碑。基里尔—梅福季的造型艺术在当今继续发展。他们是斯拉夫正教（Slavia orthodoxa）地区的斯拉夫正教传统的奠基人 ②，同时也在天主教世界里得到承认，根据罗马教皇约翰·保罗二世的一份通谕，使徒般的圣基里尔和梅福季与诺尔恰的圣本笃同为欧洲的精神守护人。他们的形象穿越世纪而来，在为俄罗斯复兴的斗争中向我们、也向其他兄弟民族愈加明亮地闪耀。

---

① B.Г. 斯米尔诺夫：《俄罗斯国家纪念碑》（铜像里的千年），莫斯科 2008 年版。
② P. 皮基奥：《斯拉夫正教（Slavia orthodoxa）——文学和语言》，莫斯科 2003 年版。

第二章 基辅罗斯时代的最早的思想家

这一时代指的是从留里克王朝统治下的早期封建国家创建时起的漫长时期，注明时间为 862 年，根据《往年纪事》，著名的召请瓦兰人统治者事件发生在这一年。我们不停留在诺曼化和反诺曼化派就这一历史事件可靠性的论战、对瓦兰人因素在古罗斯国家制度形成中的实际影响的评价以及罗斯族名和地名的出现等一系列时至今日仍引起激烈辩论的争议问题上，指出以下内容。

有一种被考古资料、文献史料和外来作者的见证所证实的不容怀疑的固定看法是，在召请瓦兰人很久以前已在进行东斯拉夫国家的逐步建设、相应社群的建立和古罗斯族群的形成过程，在族群中除占主导的斯拉夫基质外，还有波罗的族、芬兰 - 乌戈尔族、突厥族、萨尔马提亚族等组成部分。存在过比斯堪的纳维亚人更高的封建早期的发达物质文化；在东欧平原上主要交通线路的河流两侧，坐落着基辅、诺夫哥罗德、斯摩棱斯克、拉多加、乌格利奇、切尔尼戈夫等许多古罗斯城市，罗斯本身则被瓦兰人称为"加尔达里卡"——城市之邦。

在这种城市、大型村落和集镇里面，除从事物质生产、保障日常生活和守护同族平安的人以外，也有这样一些人，他们的使命是神圣事奉、巩固并传播神话观念、医治心灵和身体。这些禀赋和使命超凡的人被称为**祭司**，他们在一定程度上成为未来的古罗斯思想家的先驱、原型和前辈，反映出思想家的本地、乡土和本土风貌。[①]

基辅罗斯作为多神教文化之邦存在一段时间以后，渴望宗教上的启蒙。这种启蒙并非来自天主教的西方或伊斯兰教的东方，而是来自正教的南方，来自古代遗产的守护者和基督教信仰的教母拜占庭，基督教信仰诞生在吸纳几种东地中海文明传统的圣地。基督教成为整个欧洲文化包括祖国文化在内的基石。旧约和新约的事件、名字和象征反映在文学创作与艺术当中，先知的洞见和使徒启示被神学家与哲学家所思考，福音教导奠定了欧洲人道德自我意识的基础。因此尤为重要的是探究基督教文化类型向古罗斯本土的渗透、它与地方多神教生活方式的相互作用以及双重信仰现象的出现，这一现象是祖国社群内部和俄罗斯人自我意识深处最为重要的反对立场之一。

基督教在被接受为基辅国家的正式宗教很久以前已开始传入东斯拉夫部落居住的区域。在研究读物中有几种关于罗斯受洗和基督教最早在斯拉夫部落传播的说法。拜占庭的传道士和商人、受洗在前的保加利亚人代表、西方传教士和信仰其他宗教的信徒一起来到罗斯，向东斯拉夫居民介绍他们所信仰的宗教原则。过了时的氏族部落神话在自己的信奉者身上同他们进行斗争。

最古老的文献典籍色彩鲜明地讲述了这一切，其中占突出位置的是《往年纪事》，它有一个详细的名称：《往年纪事，罗斯大地从何而来，谁在基辅第一个开始称公，罗斯大地又从何而来》。[②]尽管在这一名称下的编年史汇编最终成于12世纪初，它所收录的口头传

---

① B.B.米利科夫：《祭司》，见 M.A.马斯林主编：《俄国哲学（百科词典）》，莫斯科 2007 年版，第 97—98 页。

② 引自古罗斯文学作品：《俄国文学的开端（11 世纪—12 世纪初）》，莫斯科 1978 年版，第 23—277、417—451 页。

说和文献史料却属于早得多的时期，即基督教在罗斯被确立的时期。

《往年纪事》作为历史著作、文学创作和古罗斯语言文献早已被不同领域的专家所研究，但作为哲学史料还很少被研究。我们正是从哲学知识的建立和作为其代表者的最早的祖国思想家的出现这一角度，在第一手资料的字里行间来探讨基督教与多神教的斗争。

在手稿开头几张，对古斯拉夫人起源和生活的讲述被传说中的使徒安德烈到访基辅第聂伯河两岸的插曲打断，他预告了正教未来的胜利："看见这些山了吗？——上帝的恩典要在这些山上闪耀；要有一座伟大的城，上帝要建起许多座教堂。"需要类似的传说来证明罗斯正教的古老性以及它不依赖于拜占庭，并确立基辅作为全罗斯的宗教宗主国的权威。① 这个传说流传至今。它的看得见的见证是18世纪中由 B.拉斯特雷利设计建造的宏伟的巴洛克式圣安德烈教堂。教堂位于基辅中心著名的安德烈坡，离多神教的万神殿所在地不远，后者是在罗斯受洗不久以前按弗拉基米尔公的意旨建造的。

编年史作者浓墨重彩地描写多神教徒"畜生一样的"习俗，把他们比作和他同时代的、按"父辈的法子"生活的波洛伏齐人。他描写阿斯科尔德和季尔率领的罗斯军队在 866 年出征察里格勒时遭遇失败，原因是布雷契耐的圣母对希腊人的庇护。在 898 年下面讲到斯拉夫人的祖师基里尔和梅福季在摩拉维亚传道的经历。在这里才第一次在编年史中碰到下列意义的"哲学家"术语——有智慧的教导者，启蒙者，基督教传道士。在 945 年下面讲述罗斯和拜占庭订立和约的情况，并且第一次提到"在小溪边上"已经有一座圣以

---

① Л.缪勒：《使徒安德烈游历基辅和诺夫哥罗德的古罗斯轶闻》，见《编年史和纪年》（1973 年论文集），莫斯科 1974 年版，第 48—63 页。

利亚教堂（在其原址上现**矗**立着 17 世纪第聂伯河畔波多尔的以利亚教堂），罗斯一方还被分为"异教的"（多神教的）和"基督教的"罗斯。

在 955 年下面描写奥莉加大公夫人在拜占庭皇帝的宫廷里受洗的情况，预告了全罗斯未来的受洗。编年史作者思考这一事件是有深刻标志意义的融入圣智慧，以它命名的主要教堂——君士坦丁堡索菲亚堂将成为基辅索菲亚堂和在罗斯为圣智慧兴建的其他教堂的原型："寻智慧者得智慧。"在 969 年下面的谥词中奥莉加大公夫人被比作黎明的曙光和名贵的珠宝，"她在罗斯人中第一个进天国"。

但奥莉加的儿子、好战的斯维亚托斯拉夫公却不接受基督教，还对基督教信仰加以嘲笑："基督教信仰在不信的人眼里是丑八怪"，因为按传统的多神教观念，基督教是疯癫的、残缺的、虚假的信仰。多神教闹得最厉害是在 980 年，斯维亚托斯拉夫的儿子、奥莉加的孙子弗拉基米尔公"在宫殿外的山丘上立起偶像：木头做的雷神，他的头是银的，口是金的，还有霍尔斯太阳神，还有风神、火神和织女神"。但试图将五花八门的多神教崇拜确立为基辅早期封建国家的正式宗教没有获得成功，因为在氏族部落社会结构下形成的古斯拉夫多神教不符合新的封建关系。紧跟在罗斯社会经济和政治变化之后的应该是思想体系、宗教和世界观上的转折。发生在这种转折前面的是"考验信仰"——在从四面八方传入罗斯的信仰中寻找最适合的宗教。

在 986 年下面描写伊斯兰教的伏尔加河流域布加尔人、罗马教皇的天主教使节和信犹太教的可萨人来到弗拉基米尔的宫廷。他们的信仰由于各种原因未被接受。这时拜占庭人派来的哲学家登场，发表了对正教有利的有说服力的讲话。《往年纪事》中通称为"哲学家讲话"的这一断章吸引来许多研究者。А.А.沙赫马托夫把它和梅福季对保加利亚王鲍里斯的讲话联系在一起。[①] В.И.拉曼斯基提出关于断章起源于基里尔哲学家在可萨传道期间的讲话基础上的假说。[②] Д.С.利哈乔夫论证其古罗斯起源，认为它是在智者雅罗斯拉夫宫廷所编、通常被划分为《基督教在罗斯早期传播逸闻》中的一部分。[③] А.С.利沃夫察觉出摩拉维亚语对该断章语言的影响。[④]

"哲学家讲话"是中世纪劝喻文学的典型之作——"苏格拉底式的对话"，是在为自己及其人民寻找真正信仰的多神教徒统治者和有说服力地证明自己传播的思想有益与正确的基督徒传道士之间的谈话。在这里也表现出用道德解释宇宙间善与恶斗争的独特世界史观念。[⑤] 有洞察力的研究者并非偶然地指出："编年史作者有自己的'历史哲学'。"[⑥] 它与视神魔之战"为一切存在变动原则"的中世纪辨证法相呼应。[⑦]

对罗斯受洗的描写异常鲜明。推倒在地的多神教偶像，百姓的哀泣，成千上万站立在第聂伯河水中的人——思想转折与独特的精神革命的彩色画卷意味着新世界对旧世界的胜利，编年史作者不是平白无故地用使徒保罗的话感叹："旧事已过，都变成新的了。"百姓难以割舍旧的信仰和被异域宗教打倒贬损的熟悉的氏族神话形象。

古罗斯就这样走进自身存在的新时代。编年史作者称弗拉基米

---

① А.А. 沙赫马托夫：《最古老的罗斯编年史汇编考》，圣彼得堡 1908 年版。

② В.И. 拉曼斯基：《斯拉夫语的圣基里尔传是宗教伦理学史料》，彼得格勒 1915 年版。

③ Д.С. 利哈乔夫：《文学史概述》，见《往年纪事》，莫斯科—列宁格勒 1950 年版，第 2 册。

④ А.С. 利沃夫：《哲学家讲话探究》，见《古罗斯文献典籍》，莫斯科 1968 年版，第 333—396 页。

⑤ М.Н. 格罗莫夫：《古罗斯编年史〈往年纪事〉中的"哲学家讲话"》，载《哲学科学》，1976 年第 3 期，第 97—107 页。

⑥ И.П. 叶廖明：《古罗斯文学》，列宁格勒 1966 年版，第 64 页。

⑦ 《14—18 世纪辩证法史》，莫斯科 1974 年版，第 85 页。

尔为"伟大的罗马的新的君士坦丁"，以此预示崛起的国家未来的强盛，它将要在莫斯科沙皇国时代确立自己为"第三个罗马"。子承父业的传承思想在古罗斯文学中经常碰到。罗斯在因智慧过人和大力推广启蒙活动而被称为智者的雅罗斯拉夫时代经历上升与繁荣："雅罗斯拉夫喜欢教会经卷…… 努力读书…… 聚来许多抄书人，把希腊语翻译成斯拉夫文字…… 他的父亲弗拉基米尔耕耘土地，用受洗来启蒙。他却用书上的词句播种信的人心田；我们来收获，获得书中的学问。"

融入有文字的精神文化产生出书籍崇拜，书被尊为最高价值之一，被奢侈地装饰和用心地保护起来，以防灾难威胁到它。迈上新的文化台阶标志着古罗斯思想整体上所典型的活跃的精神活动的开始，鲜明地表现在编年史 1037 年下面的"读书赞"中："读书的好处多多；书教我们走上悔改之路，从书的词句中获取智慧与节制。它是滋润宇宙的河流，它是智慧的源头；书深不可测：我们在书中安慰愁苦；书是节制的笼头。"这种对智力活动的美化赋予其很高的地位和社会重要性。不是野蛮好战、而是精神智慧成为公民的最高美德。在这里呈现出扑在智慧的源头上的受感动的读书人思想家形象。

罗斯的基督教化不仅带来与文化最发达的早期中世纪国家拜占庭交往的明显好处，也产生出不少问题。其中一个在整个祖国历史上都典型的问题出在地方根深蒂固的传统与人为地、经常是以暴力方式从外面植入的国家体制和文化发展原则的相互关系上。17 世纪旧礼仪派和尼康派的激烈论战，18 世纪彼得的剧烈改革，19 世纪西方派和斯拉夫派的争论，以及目前关于西方思想体系影响的辩论——这些都在延续复杂的内部斗争的不间断的线索，许多世纪以来罗斯文化、国家体制、社会关系和精神价值的形成与发展都在这种斗争中发生。

基督教与多神教的斗争历经古罗斯历史的各个世纪而进入近代。封建政权自上而下的基督教化遭到下层社会的明确反对。在编年史中描写多神教的"装神弄鬼"，空了的神庙，祭司带领下的百姓风潮和其他复萌的多神教遗迹。不时出现的异端运动经常具有多神教根基，百姓的日常生活保留着最古老的信奉和形象，甚至教堂艺术也夹带不少来自基督教以前的元素。[1] 当文艺复兴风尚开始在罗斯吹拂时，顺便说一句，这股风并未引起单独的阶段而仅仅被一些研究者指出为"前文艺复兴时期"[2]，则这一过程在一定程度上可视为对多神教的平反。要指出的是，18—19 世纪重新燃起的对基督教以前文化的兴趣不仅指向地方遗迹、而且指向古代遗迹。

多神教和基督教思想体系从哲学角度看区别如下。多神教世界观没有把人从自然界划分出来，是很深的泛神论世界观，本质上反映出对世界原初的态度，可以比作儿童的直接心理。[3] 多神教是"自足的宇宙宗教"。[4] 它的世界观基础是与周而复始的自然界割不断的联系，对自然界的自发力的多神敬拜，不区分存在的精神与物质层面，以图腾和祖先崇拜为社会决定原则。承认人与星象的联系是多神教世界观的表现。[5]

我们把基辅罗斯发展时代的早期中世纪时期作为开始和奠基阶段，把保留下来的文献典籍作为哲学史料的基础。尽管哲学思维元

---

[1] 《斯拉夫文物》（民族语言学词典），三卷本，莫斯科 1998—2004 年版。

[2] Д.С. 利哈乔夫：《10—17 世纪的俄国文学发展（时代与风格）》，列宁格勒 1973 年版，第 75—126 页。

[3] М.И. 斯捷布林－卡缅斯基：《神话》，列宁格勒 1976 年版。

[4] С.С. 阿韦林采夫：《多神教》，见《哲学百科词典》，第 5 卷，莫斯科 1970 年版，第 611 页。

[5] Р.А. 西蒙诺夫：《罗斯星象学书翰》（11 世纪—18 世纪前二十五年），莫斯科 1998 年版。

素也出现在有文字以前的传统中，而最早的祖国文献典籍可追溯至基督教以前的时期（例如，罗斯人与希腊人 911 年和 944 年订立的和约），但有文字的文化传统的广泛传播、书籍的大量翻译、标准语的形成和抽象思维范畴体系的建立却是在 10 世纪 80 年代末罗斯引入基督教以后才开始的。新的基督教思想体系不同于旧的多神教思想体系，需要大量的文献积累以及对存在与意识等重大神学哲学问题作出思考，从而刺激增强对世界观问题的兴趣。①

在不断形成和迅速达到顶峰的 11—12 世纪古罗斯文学中能够划分出三个源流：翻译文学、斯拉夫民族共同文学和原创文学。最先翻译的是实际运用新的思想体系需要的圣经经文、教父著作和礼拜用书。圣经是分部分翻译的。起初翻译的是新约和几卷旧约。全译本圣经在诺夫哥罗德大主教根纳季的倡议下在 15 世纪末才完成。②旧约各卷书的内容通过箴言录（圣经片段集）、帕里亚书（旧约情景解）、教父学作品和其他作品被古罗斯读者所知。

诗篇是尤其流行的一卷书，它包括 151 首诗（按正教正典），被托在传说中的《圣经》里的大卫王和其他作者名下。诗篇在识字课本和日课经之后成为在罗斯必学的一卷书。它同时不是枯燥的课本，而是鲜明的诗歌作品③，对整个中古文化乃至近代诗歌都产生了深远的影响。波洛茨克的西梅翁、特列季亚科夫斯基、罗蒙诺索夫、杰尔查文、舍甫琴柯和 20 世纪初俄国象征派诗人对诗篇进行的诗歌改

① E.M. 韦列夏金：《古罗斯的基督教书籍》，莫斯科 1996 年版。
② 1499 年根纳季圣经手稿保存在国家历史博物馆（Син.№ 1）。
③ H.A. 梅谢尔斯基：《9—15 世纪古代斯拉夫罗斯翻译文献的来源和组成》，列宁格勒 1978 年版，第 43 页。

写很有名气。[①]充满灵感的诗篇文字启发了哲学发展的诗歌存在路线和相关作者，在文学创作和哲学创作相融合的祖国传统中得到不小的反映。

诗篇被区分为礼拜诗篇、占卜诗篇和详解诗篇。礼拜诗篇还是斯拉夫人的祖师基里尔和梅福季翻译的。占卜诗篇已被弗拉基米尔·莫诺马赫使用过。内容最多的详解诗篇由专门为此来到莫斯科的阿封山读书人、希腊人马克西姆在16世纪上半叶才全部译完。除详解诗篇外在罗斯也在逐渐翻译其他详解：使徒详解、启示录详解和圣经其他部分的详解。详解的各卷书是哲学象征内容的重要史料，其中包含对中古思想体系与文化的许多象征、形象和情景的阐释。

圣经中有不少含哲学内容的书。[②]按圣耶柔米所说，旧约被分为四部分：律法书、历史书、智慧书和先知书。[③]列入智慧书的有：《所罗门智训》《便西拉智训》《传道书》《所罗门箴言》。《约伯记》被归入哲学对话体裁。本体论和认识论思想主要包含在占圣经四分之三的旧约当中。在新约中鲜明反映出伦理道德问题。

教父著作在诠释和劝喻文学中享有至高无上的权威。金口约翰、纳西昂的格列高利、凯撒利亚的巴西尔、叙利亚的厄弗冷、亚历山大城的阿塔那修、天梯约翰、大马士革的约翰等许多教父学代表人物的著作在罗斯从最古老的时期起不断被翻译、传播和受人尊敬。

《六日说》应该被归在哲学本体论层面的重要史料当中，它详细

---

① C.C.阿韦林采夫：《诗篇》，见《简明文学百科词典》，第6卷，莫斯科1971年版，第63—64列；M.H.格罗莫夫：《斯拉夫语诗篇的文化历史和哲学意义》，见《俄国与国外：国家、宗教和教会》，第4期专刊，莫斯科2009年版，第18—37页。

② M.C.别连基：《圣经神话学和哲学》，莫斯科1977年版；И.A.克雷韦列夫：《圣经（批判史分析）》，莫斯科1982年版；《圣经在斯拉夫标准语形成和发展中的作用》，莫斯科2002年版。

③ A.B.戈尔斯基、K.И.涅沃斯特鲁耶夫：《莫斯科主教公会图书馆斯拉夫手稿编目》，第一部类，圣经，莫斯科1855年版，第9页。

地解释了《创世记》中所包含的世界被造情景。贾柏莱的瑟佛里亚努、彼西底的格奥尔吉的《六日说》在罗斯很有名气，但最流行的是保加利亚督主教约翰的《六日说》。

保加利亚督主教约翰的创作正赶上西蒙王（864—927 年）统治时期，这一时期被称为古保加利亚文学的"黄金时代"，汇入斯拉夫文化的共同积累当中。[①] 督主教约翰翻译了大马士革的约翰的作品，写有自己的几篇著作，并利用大巴西尔和贾柏莱的瑟佛里亚努的同类作品，编了一部斯拉夫语《六日说》。[②] 约翰创造性地对待希腊范本，利用斯拉夫语的表现力"来表达抽象的哲学神学思想、高尚的情感和优美的诗歌形象"。[③]

《六日说》是一部自然哲学著作。书中按圣经传说详细解释六日创世，但也利用古代和中古思想家的理念。已经知道督主教约翰《六日说》的许多抄本。最古老的抄本之一是 1263 年的塞尔维亚抄本，由阿封山塞尔维亚的希利安达里乌修道院费奥多尔修道士完成。[④] 它的详细名称是"六日说，督主教约翰长老抄自圣巴西尔、约翰和瑟佛里亚努、亚里士多德哲学家等"。六章正文前有一篇序。此外，还补充了关于手稿完成情况的记录和文法家费奥多尔的一篇跋。

督主教约翰在每一章开头都引用圣经文字，然后加以注解。经常援引希腊哲学家："希腊哲学家关于本然讲了许多"（第 2 张），但基本上持批判态度，因为他们总是互相矛盾，无法达成一致意见。

约翰认为哲学的意义是探索真相、认识一切存在的实质与发生：

---

① 《保加利亚哲学思想简史》，莫斯科 1977 年版，第 38—49 页。

② AR.Aitzetmutter, *Das Hexaemeron des Exarchen Johannes*, Bd. I-VII, Graz, 1958-1971.

③ Д. 伊万诺娃 - 米尔切娃：《保加利亚督主教约翰〈词章集〉》，第 1 卷，索非亚 1971 年版，第 11 页。

④ 《保加利亚督主教约翰所著〈六日说〉》（按莫斯科主教公会图书馆 1263 年莎草纸抄本），莫斯科 1879 年版（以下引用）。

"哲学应寻找真相，知道一切存在的本然和所属种类。"（第43张背面）他利用柏拉图、亚里士多德、巴门尼德、泰勒斯、第欧根尼和德谟克利特等古代思想家的名字和思想，尤其看重的是柏拉图，视其为哲学家首领。他也求助于康斯坦丁-基里尔哲学家的权威。[1]

约翰力图把圣经中关于创世的传说与古代的原质说融合起来，他称这些原质为"质""体""物"。这四种元素是："…… 这四种质为：地、火、水和空气。"（第7张背面）火分两种——"高处的无物之火"（天上的无形之火）和"地上的有物之火"（低处的有形之火）。第一种火看不见和没有形体，按流溢说从神性源头经天使品级流出（在亚略巴古的狄奥尼修斯学说中发展出来）。第二种火看得见和感觉得到，表现在闪电、星体、月亮、太阳和火焰中。

在谈人的受造的第六章，约翰充满灵感地讲到人的精神之力，讲到周游整个世界的思想又返回人身上："…… 在如此小的身体里思想却如此之高，走遍大地和飞越苍穹。心思系向何方？怎样飞出身体，游历胜境，腾云驾雾，飞越日月星辰，太空诸天，同时还在自己身体当中。乘怎样的翅膀升高？由哪条路径而上？我不得其踪。"（第196张及背面）

保加利亚思想家对古罗斯读者来说是身兼哲学家和神学家的典范，他否定"星象寓言"并引入天文学、地理学、植物学、动物学、解剖学等不少重要的自然科学知识。[2]他捍卫地圆说，正确解释日食和月食、涨潮和落潮的原因，讲述气候带等。他的观点不符合航行到印度的科斯马斯在《宇宙志》中阐述的世界思想，但这两篇作品

第二章 基辅罗斯时代的最早的思想家

---

① K.卡莱多维奇：《保加利亚督主教约翰》（九和十世纪斯拉夫语言文学史探究），莫斯科1824年版，第13页。
② Г.С.巴兰科娃、B.B.米利科夫：《保加利亚督主教约翰的六日说》，圣彼得堡2001年版，第39—142页。

都被收入大月书。

督主教约翰的《六日说》和多数中古作品一样，以很高的美学成就而著称，它用鲜明形象的语言写成，风格庄重而严谨。书中回响着一曲道及其创造力的真正赞歌，整个世界被比作打开的书，需要学习阅读，在植物、宝石、造物和自然现象中看到崇高的精义。[①]

世界的美和益处是统一的，正如人两只眼睛中的视线一致："上帝造人，不造不美之物，既有用而且美，正如双目有用且美。"（第241张）独特的希腊理性主义在约翰身上与充满灵感的圣经热情熔铸在一起，构成拜占庭和古斯拉夫文学十分典型的崇高劝喻风格。

要补充的是，"六日创世"主题在中世纪十分流行，奥利金、叙利亚的厄弗冷、金口约翰、奥古斯丁等公认的权威都写过关于它的著作。在罗斯形成的插图本（插画本）《六日说》传统为细密画家提供了丰富素材。[②] 西方也有这种插图本的手稿。

另外一部证明保加利亚和古罗斯文化交往密切的文献是《1073年文选》。[③] 这是第二部古老的（继1056—1057年《奥斯特罗米尔福音书》之后）古罗斯和斯拉夫手稿书，在供切尔尼戈夫公斯维亚托斯拉夫·雅罗斯拉维奇的基辅书坊里完成。它的原本是从希腊语原作为保加利亚西蒙王翻译的内容相近的文集。[④] 到目前为止已发现这份独一无二的文献15—18世纪的二十七种抄本。

---

① 参看 A.M.潘琴科：《督主教约翰〈六日说〉中的几个美学公设，见《罗斯与保加利亚的民间创作和文学交往》，第1卷，列宁格勒1976年版，第32—41页；B.B.贝奇科夫：《督主教约翰〈六日说〉中的美学观念》，见《古保加利亚文学》，第21卷，索非亚1987年版，第50—66页；M.H.格罗莫夫：《保加利亚督主教约翰自然哲学的美学内容》，见《古罗斯思想作品中的哲学和神学理念》，莫斯科2000年版，第345—354页。

② E.K.雷金：《保加利亚督主教约翰〈六日说〉的几种插画本手稿》，莫斯科1902年版。

③ M.Д.贝奇瓦罗夫、B.C.戈尔斯基：《古罗斯与保加利亚哲学文化交往的特点及主要方向》，第3—19页。

④ 《斯维亚托斯拉夫1073年文选》（论文集），莫斯科1977年版，第3页。

《1073 年文选》是中世纪典型的百科全书性质的汇编文集。书中收录二十余位作者（大巴西尔、亚历山大城的阿塔那修、查士丁哲学家、认信者马克西姆、大马士革的约翰等人）的大约两百篇章。其中许多都呈现出毫无疑问的哲学趣味，而作者本人则是教父时代的杰出思想家，尤其是大马士革的约翰。保加利亚专家 Б. 佩伊切夫详细研究属于认信者马克西姆和拉伊法的费奥多尔的片段。① 俄罗斯研究者写有一系列文章来谈《1073 年文选》中的哲学术语问题。②

在《1073 年文选》中对"实质""本然""区别""具有""量""质""关系""矛盾"和一系列其他概念作出解释。因此该史料也被认为是古罗斯文学中的第一部哲学逻辑论著。

此外，在书中还对复杂的哲学神学概念（圣三一、圣灵、道成肉身）加以解释，收录西奈的阿纳斯塔修、神学家格列高利和大巴西尔的问答录；优西比乌、伊西赫和大马士革的约翰的年代记作品；居比路的伊皮法纽的自然哲学著作《论宝石》；圣徒传、基督论和解经文学选录，等等。

罗斯文献里的第一部诗学翻译论著——格奥尔吉·邱尔波斯库的《论形象》独具趣味。书中给出二十七种手段：托寓（«инословие»）、隐喻（«превод»）、倒装（«возврат»）、借喻（«отоимение»）、夸饰（«лихоречье»）、反讽（«поругание»）等 ③，这些修辞手法在 18 世纪很久以前开始在罗斯被人所知。美国研究者

---

① Б. 佩伊切夫：《西蒙文集中的哲学论著》，基辅 1983 年版。

② А.М. 卡姆恰特诺夫：《斯维亚托斯拉夫 1073 年文选中的哲学术语》，载《俄罗斯言语》，1982 年第 4 期；Н.К. 加夫留申：《1073 年〈斯维亚托斯拉夫文选〉和大马士革的约翰〈辩证法〉》，载《苏联斯拉夫学》，1983 年第 4 期；А.И. 尤尔琴科：《1073年文选——古罗斯主要哲学术语释义》，载《语言学问题》，1988 年第 2 期；В.В. 米利科夫：《古代的四原质说》，见《古罗斯：传统的交汇》，莫斯科 1995 年版。

③ Н.И. 普罗科菲耶夫编：《古罗斯文学选读》，莫斯科 1989 年版，第 87—91 页（原文配翻译和解释）。

Ю. 别莎罗娃写了一部专著来谈该书对《伊戈尔远征记》和古罗斯
文学整体上的影响。[①]

《1073 年文选》中收录的希坡律陀对西奈的阿纳斯塔修校本中
所罗门箴言第九章（以"智慧建造教堂"一句开头）的解释，对圣
智慧索菲亚主题在罗斯文化中的发展具有很大意义。[②] 塑造性表达的
智慧形象在极大程度上刺激了哲学思想的发展，并且不是在逻辑概
念上，而是在形象艺术和象征形式上，对整个彼得以前的罗斯文化
产生影响并在后来表现在近现代的索菲亚论中。哲学家在这个角度
上被理解为崇高和优美的索菲亚的崇拜者，她是他们创作的鼓舞者、
某种哲学上的缪斯。

古罗斯古文字学和文本学的杰出专家 Л.П. 茹科夫斯卡娅公正
地指出："斯维亚托斯拉夫 1073 年文选是罗斯最早的百科全书性质
的文集之一，因此研究它的内容是俄罗斯、乌克兰和白俄罗斯文学
史、哲学史和各种表现的文化史的最重要的任务。"[③] 书中有不少
早期中世纪哲学家的名字和形象，古罗斯思想家以他们的创作为
定位。[④]

在时间和完成情况上接近《1073 年文选》的是部分与它类似
的《1076 年文选》。[⑤] 它同样带有百科全书性质，具有劝喻指向，定
位于教父学作品。这本书的特点是开本小、无装饰，内容独一无二，

---

① I.Bescharov, *Imagery of Igor' Tale in the Light of Byzantino-Slavic Poetic Theory*,
   Leiden, 1956.

② В.Г. 布留索娃：《1073 年文选中的所罗门箴言第九章释义》，见《斯维亚托斯拉夫
   1073 年文选》，莫斯科 1977 年版，第 292—306 页。

③ Л.П. 茹科夫斯卡娅：《斯维亚托斯拉夫 1073 年文选中的古代书籍和著作家》，见《斯
   维亚托斯拉夫 1073 年文选》，学术影印资料，莫斯科 1983 年版，第 31 页。

④ М.Н. 格罗莫夫、В.В. 米利科夫：《古罗斯思想的观念流派》，圣彼得堡 2001 年版，
   第 143—153 页。

⑤ Н.А. 梅谢尔斯基：《1073 年文选和 1076 年文选的相互关系》，见《斯维亚托斯拉夫
   1073 年文选》，莫斯科 1977 年版，第 90—99 页。

没有与它同类的。① 研究者倾向于认为它是出现在罗斯本土上的著作选集。它是流传到我们手里的第三部最古老的注有日期的古罗斯手稿书，现存于俄罗斯国家图书馆（圣彼得堡）埃尔米塔日收藏品中，以前曾是 18 世纪历史学家 M.M. 谢尔巴托夫的私人藏品，也是通过他引入学术研究的。书中主要收录的是伦理道德内容的文章，公认权威的"心灵规劝"。

《1076 年文选》开篇是《某高僧论读书》。高僧即善良和受人尊敬的长老，来自希腊语 καλόγηροσ②，他呼吁用整个心灵听取智慧之书，称尊重书籍为善。他举大巴西尔、金口约翰和基里尔哲学家为例，他们从幼年起勤奋钻研好书，得以行善事："你听听圣巴西尔、圣金口约翰、圣基里尔哲学家等圣人的生平，关于他们最初怎样讲起：从小苦读圣书，行的也是善事。看见了吧，善事从哪里开始。"③ 读书人哲学家的形象是古罗斯文学中深受喜爱的形象之一。

接下来的第二篇是同样透彻心扉的《某父告子书》。书中慈爱的父亲用自己的人生历练规劝亲爱的儿子："头低垂，心思则高；敛目向地，眼界朝天；嘴紧闭，心里却时刻呼喊上帝；脚步慢，思想却疾奔天上之门。"④ 世界文学中最古老的体裁之一——诫子书——贯穿在许多古代和中古文化作品中。

《1076 年文选》中收录了圣经最有哲学色彩的书卷之一《便西拉智训》，大巴西尔的训喻《怎样为人》，《阿塔那修答问》《金纳迪乌斯百句集》和其他一系列劝喻性文字。引起注意的是西奈的尼尔（隐修士或哲学家）的几篇文章，他是修道得救学说的创始人之一。

---

① 《苏联保存的斯拉夫罗斯手稿书总目录：11—13 世纪》，第 41—43 页。
② 《11—17 世纪的俄语词典》，第 7 辑，莫斯科 1980 年版，第 38 页。
③ 《1076 年文选》，莫斯科 1965 年版，第 157 页。
④ 同上书，第 165—166 页。

文集中被误称为《伊西赫的劝诫》的作品也是他所作。

在不长的文章《圣尼尔论持戒》中谈到必须限制饮用葡萄酒，这种酒曾是地中海地区民族的日常饮料。举出希腊哲学家和摩尼教徒为正面例子，他们为精神上的完善而戒除葡萄酒："毕达哥拉斯、第欧根尼和柏拉图饮的是水，摩尼教徒等教众也是如此，尽管是有名的哲学家……"[①] Д.弗莱丹克对这篇文章进行了分析。[②] 在革命前的出版物中 B.博勃罗夫的成果对《1076 年文选》进行了研究[③]，C.B.邦达里的副博士学位论文则对两部《文选》加以哲学分析。[④]

古罗斯编年史中有独特的历史哲学，其形成不无拜占庭历史著作的影响，首先是约翰·马拉拉斯的《纪事》和有罪者格奥尔吉的《纪年》。有罪者的叙事独具趣味，他的"典型特点是酷爱发神学和哲学议论"。[⑤] B.M.伊斯特林有一部研究有罪者《纪年》的基础性著作，发表了斯拉夫语和希腊语的史料原文、词汇表和研究成果。[⑥]

有罪者（出自希腊语 άμαρτωλός——作者如此谦卑地称呼自己）从传说中的创世开始宏大的叙事，讲述关于 9 世纪中期以前巴比伦、波斯、罗马和拜占庭统治者的情况。纪年在后来借通事官西梅翁《纪年》续至 10 世纪中期。拜占庭作者的鸿篇巨制在斯拉夫语译本中被称为《修道士格奥尔吉的年代与人物志》。B.A.玛特韦延科按 14 世纪初圣三一修道院抄本出了它的最新版。[⑦]

---

① 《1076 年文选》，第 625 页。

② D.Freydank, *Interpretation Einer Griechisch Kirchenslawischen Überzetzung im Izbornik von 1076*, ZS, 1967, Bd. II, H.I, ss.38-48.

③ B.博勃罗夫：《斯维亚托斯拉夫 1076 年文选研究史话》，喀山 1902 年版。

④ C.B.邦达里：《〈1073 年和 1076 年文选〉的哲学世界观内容》，基辅 1990 年版。

⑤ O.B.特沃罗戈夫：《古罗斯年代志》，列宁格勒 1975 年版，第 10 页。

⑥ B.M.伊斯特林：《古斯拉夫罗斯译本的有罪者格奥尔吉〈纪年〉》（原文、研究和词汇表），第 1—3 卷，彼得格勒—列宁格勒 1920—1930 年版。

⑦ B.A.玛特韦延科：《修道士格奥尔吉的年代与人物志》（两卷本），莫斯科 2006 年版。

有罪者格奥尔吉在开场白中讲了自己写这本书的目的：从"异教文辞家或才子"那里他打算不仅讲述"古代的君王和强将"，传述"他们的言行和风习"，还要讲述最有智慧的"哲学家和修辞家"，揭示发生过的事的含义，"我们将被真实的和不可言说的智慧照耀"。

在纪年中或简或详地谈到古代的有识之士：琐罗亚斯德、苏格拉底、柏拉图、亚里士多德、阿那克萨哥拉、毕达哥拉斯、德谟克利特、所罗门、斐洛、罗马的克雷芒、奥利金、普罗克洛、马可·安东尼等走入世界文化的思想家。他按希腊传统把文字出现、史诗创建、思维科学、雄辩术和立法等与特定的民族和名字联系在一起："文字为腓尼基人所设，史诗为荷马所创，辩证法为埃利亚的芝诺所立，修辞学为叙拉古人考拉西所开…… 法为斯巴达人来库古和雅典人梭伦所制。"[1] 这种古代史补叙在不小的程度上为古罗斯读者启蒙，例如，他们从 11 世纪起就知道，思维科学与埃利亚的芝诺的名字联系在一起。

有罪者不是简单地叙述古代神话，还对它作出批判性解释。他援引"自然学家"（自然哲学家），引入对古希腊万神殿合乎理性的解释观念，按这一观念，"波塞冬是水，而赫菲斯托斯是火，赫拉是空气，得墨忒耳是地和果实，黛是雨"。在这里呈现出试图通过原质说或元素说来解释神话形象。

只有"讲故事和编故事者"认为"阿波罗是太阳"，实际上天体并不是理性的存在物，而是服从造物主意旨的自然现象："太阳不具含义，不具见闻，不具理性，是本然之事，依章法而行，自古奉神的意旨"。[2] 对昨天还是多神教徒的斯拉夫人来说，类似的议论颇有

---

① B.M. 伊斯特林：《有罪者格奥尔吉〈纪年〉》，第 1 卷，第 61—62 页。

② 同上书，第 68 页。

教益。它们证明中古意识具有比多神教更深刻的世界观念。

在拜占庭以及整个欧洲中世纪思想体系中形成了"圣经智慧与雅典智慧"的令人惊异的综合（C.C.阿韦林采夫）。从希腊化时代起，犹太教和基督教思想家就试图建立圣经与古代世界的相互关系。[1] 荷马原来是扫罗的同时代人。柏拉图借鉴了摩西的思想。圣经先知和希腊哲学家预告了基督的诞生、传道及他的追随者。在罗斯和西方的许多教堂都有就这一题材的彩绘。[2] 可以举莫斯科克里姆林宫报喜大教堂门廊上的湿壁画为例。

这一趋势也表现在有罪者格奥尔吉身上。他讲述普卢塔克曾见证阿那克萨哥拉和柏拉图拜访过犹太人出身的埃及智者："普卢塔克说：阿那克萨哥拉和毕达哥拉斯到过埃及，同犹太人埃及智者谈过话，领略过真正的智慧，后来柏拉图也去那里学习……"[3]

在《纪年》里关于柏拉图谈得最多：他被称为"希腊人中有名的"和"最有智慧的"；引用《斐多篇》《高尔吉亚篇》《法律篇》中包含的思想；谴责他的弟子亚里士多德，不在"最有名的男子"面前感到羞耻，开始违拗他；赞扬柏拉图痛斥星象学。[4]

《纪年》中包含许多富有哲学趣味的有意思的片段。在谈柏拉图和德谟克利特的片段中讲到两个希腊语本体论术语："提刻"（τύχη——偶然性）和"黑玛门尼"（εἵμαρμένη——必然性）。其中与柏拉图的名字联系在一起的是承认自然或意志性的因果关系，承认

① E.R.Curtius, *Europäische Literatur und Lateinisches Mittelalter*, 7, Aufl, Bern-München, 1969, ss.443-461.

② H.A.卡扎科娃：《"希腊哲人的预言"及其在16—17世纪罗斯绘画中的反映》，见《古罗斯文学部学报》，第17卷，莫斯科—列宁格勒1961年版。

③ B.M.伊斯特林：《古斯拉夫罗斯译本的有罪者格奥尔吉〈纪年〉》，第1卷，第70页。

④ 关于柏拉图哲学与埃及文化的联系问题到今天仍是谜团之一（参看：L.Presson, L'Egyptede Platon, *Les Études Philosophigues*, Paris, April-septembre, 1987, pp.153-167)。

上帝是始因则被托在德谟克利特名下。这种对古代思想家的基督教化为中世纪所典型。[①]

有罪者格奥尔吉对亚历山大城周围出现的修道团体作了有趣的描写，避开空虚俗世的隐居者在那里钻研精神哲学。只有断绝七情六欲的精神修行者才被他们尊为真正的哲学家。以智慧闻名的希腊人和犹太人被他们认为是被自己的聪明"所惑"，只有基督被尊为讲论哲学的典范，"以言和行讲论哲学的独一示范"。[②] 这种对哲学的苦修理解出现在修道人群中并且在中世十分流行，淋漓尽致地阐释出苏格拉底关于哲学是安身立命的学问，"哲学生命"是"在基督里"的生命的观念传统。[③]

引用的材料足以表明，有罪者格奥尔吉的《纪年》在哲学方面是十分重要的史料，影响着几代古罗斯人中有思想的人的形成。有不少情景、观念和术语，包括关于哲学家的观念和他们的名字，都从它进入古罗斯文学，首先是《往年纪事》中。但我们要指出的是，哲学主题在古罗斯编年史中远不及在拜占庭纪事中发达。希腊文学更富有哲学色彩，其他所有文学，包括罗斯文学在内，在这方面都比它逊色，但同时都在模仿，从中体现出高度发达的希腊文明的有利影响。[④]

让我们转到古罗斯作者的原创作品上来，这些作者扮演着基辅罗斯时代最早的思想家角色。伊拉里昂的《法与神赐说》按其哲学世界观意义应该被排在第一位。该作品创作于 1037 年和 1050 年之间，在以文化和启蒙创举而闻名的智者雅罗斯拉夫当大公期间。这

① В.М. 伊斯特林：《古斯拉夫罗斯译本的有罪者格奥尔吉〈纪年〉》，第 1 卷，第 74 页。
② 同上书，第 231—238 页。
③ Е.Э. 格兰斯特列姆：《克利缅特·斯莫利亚季奇为什么被称为"哲学家"》，第 25 页。
④ М.Н. 格罗莫夫：《作为哲学史料的斯拉夫语译本的有罪者格奥尔吉〈纪年〉》，见
　　В.А. 玛特韦延科：《修道士格奥尔吉的年代与人物志》，第 8—15 页。

段时期是早期封建基辅国家的繁荣时期，也是确立其政治强盛和融入新的、更高类型文化的时期。作品洋溢着朝气蓬勃的热情和对罗斯大地未来兴旺的信仰，确立了罗斯人在开化在先的人中间的平等地位。

我们只知道它的创作者、能够被认为是古罗斯最早的思想家之一的人的名字。编年史中关于他写道，他是"罗斯人"，"君子，知书，持斋"，曾是基辅郊外的别列斯托沃大公村的司祭，1051 年在智者雅罗斯拉夫坚持下在基辅索菲亚堂晋升为都主教。他是罗斯人中的第一位本国教会首脑，此前这一职位由拜占庭来的希腊人担任，但他任职的时间不长。希腊人叶夫列姆在 1055 年雅罗斯拉夫死后被立为都主教。一些研究者认为伊拉里昂参与了古罗斯编年史的工作[1]，除《法与神赐说》外，还有三篇作品托在他名下：《祷告》、《认信》和向司祭们的训喻片段。Н.К.尼科利斯基认为还有 11 篇作品可能为伊拉里昂所作。[2]

《法与神赐说》是"我们知道的第一部古罗斯祝颂体文献"。[3] 它是演说体散文的崇高典范，祖国早期政论的鲜明之作，同时也是深刻的历史哲学著作。这部作品由三部分组成，收在详细的标题下：法与神赐的对比，基督教在罗斯传播记以及给弗拉基米尔·雅罗斯拉维奇（应为斯维亚托斯拉维奇。——译者注）和他的儿子雅罗斯拉夫的赞词。在一些抄本中（15—17 世纪总共 50 多个）增加了"从整个一方大地"向上帝的祷告。

---

① И.Н.罗佐夫：《关于伊拉里昂参与首部编年史的问题》，见《编年史和纪年》（1973年论文集），第 31—36 页。

② Н.К.尼科利斯基：《罗斯著作家及其著作按期编目资料》（10—11 世纪），圣彼得堡1906 年版，第 77—90 页。

③ А.М.莫尔多万：《伊拉里昂的〈法与神赐说〉》，基辅 1984 年版，第 5 页。（书中刊有按 15 世纪手稿的三种校本的五种抄本）

第一部分起到"历史哲学引言"的作用。其中解释世界史的含义在于，从局限在一个民族范围内的信仰向宇宙类型的世界观过渡。"伊拉里昂历史哲学观念的基础是各民族在'神赐'面前平等的思想。"[①] 法的时代以影子、月亮、使女夏甲的形象来象征，神赐时代则以太阳、漫过全世界的大洋、自由的撒拉的形象来象征。

在第二部分中称颂罗斯，"神赐与真理要向新的人闪耀"。作者肯定各民族的平等，昨天的多神教徒前景远大。第三部分在逻辑上结束第二部分。其中赞颂让罗斯受洗的弗拉基米尔公、他的父亲勇者斯维亚托斯拉夫和儿子智者雅罗斯拉夫。弗拉基米尔第一次被比作使徒般的君士坦丁皇帝，预告了以后出现的"莫斯科是第三个罗马"的观念，罗斯被赋予世界强国、罗马和拜占庭的荣耀继承者的角色。

伊拉里昂的作品是早期中世纪的优秀作品之一，不仅是在祖国文学中、而且是在世界文学中。其特点是爱国主义思想和基督教理解下的人类共同音律的普遍共相的统一。[②] 它是"美学方式的哲学思考"的鲜明例子，这种方式成为直到近代以前的祖国文化和俄罗斯古典世纪——19世纪的最重要特征。[③]

《法与神赐说》按各种抄本不止一次地出版。不久前和其他版本一起出版了T.A.苏姆尼科娃的现代俄语译本。[④] 以伊拉里昂创作方面的一系列研究成果而闻名的西德斯拉夫学家L.缪勒出版了这部作

---

① И.П. 叶廖明：《古罗斯文学讲座和论文》，第81页。
② Д.С. 利哈乔夫：《丰厚的遗产——古罗斯经典文学作品》，莫斯科1975年版，第10—22页。
③ Н.Б. 皮柳金娜：《伊拉里昂身上的古罗斯文化的美学价值角度》（出版前言），见《文化是美学问题》，莫斯科1985年版，第102页。
④ 同上书，第105—126页。

品的古斯拉夫语版并翻译成德语。[①] 它如同基辅罗斯时代繁荣灿烂的古罗斯文化的一道回声，回响在国内外的许多文学作品当中，其作者也开始被尊为与文学传统融合在一起的祖国哲学和神学思想的创始人之一。[②]

克利缅特·斯莫利亚季奇是罗斯人中的第二位都主教。他曾是基辅郊外的扎鲁布修道院的僧人，按照登上大公宝座的伊贾斯拉夫·姆斯季斯拉维奇的意旨，1147 年在未经君士坦丁堡牧首祝福的情况下晋升为都主教。同伊拉里昂被智者雅罗斯拉夫所立的情形一样，能够确信的是，教会在罗斯处于对国家的政治依赖中，为自己留有宗教领域的优先权。克利缅特·斯莫利亚季奇在伊贾斯拉夫去世后被迫从罗斯教会首脑的高位上离开。

大公并非偶然选中斯莫利亚季奇（斯摩棱斯克人氏）。按伊帕季编年史所载，他是"罗斯大地从未有过的读书人和哲学家"。[③] 已经知道克利缅特的几篇著作：《基里克之问》中的一系列答话、《诸圣周训喻》和一篇具有解经性质的、名称很详细的主要著作——《罗斯都主教克利缅特写给福马长老的书信，阿法纳西修道士作解》。[④] 按一系列学者的推测，克利缅特表现出对拜占庭文化的了解。[⑤]

克利缅特·斯莫利亚季奇在《给福马的书信》中反驳自己的论敌，对方指责他"像哲学家那样""写哲学"，阐述荷马、亚里士多德和柏拉图等人，迷恋多神教智慧，放弃圣经。克利缅特针对类似

---

① L.Müller, Die Werke des Metropoliten Ilarion, *Forum Slavicum*, Bd. 37, 1971.

② M.C. 伊万诺夫：《基辅罗斯教父学的神学独特性》，见《罗斯的教父论：学术会议资料》，谢尔吉镇 2009 年版，第 129—140 页。

③ 《罗斯编年史全录》，第 2 卷，圣彼得堡 1908 年第 2 版，第 340 列。

④ 马林娜·库兹明斯卡：《基辅罗斯的思想家作品中的理性哲学》，见《古罗斯哲学：文本和语境》，基辅 2006 年版，第 231—236 页。

⑤ H.K. 尼科利斯基：《12 世纪的著作家、都主教克利缅特·斯莫利亚季奇的文学作品》，圣彼得堡 1892 年版。

的指责指出，需要的不是盲目地、教条式地遵循《圣经》，而是善于解释里面蕴含的象征意义："不应该细细地品味神的作品吗？"接下来他解释了一系列流传最广的圣经象征形象。其中圣智慧的形象占有特殊地位，这一形象与为她兴建由所罗门王建造的耶路撒冷教堂有关。

克利缅特对圣智慧形象作了如下阐释，她为自己建造教堂并立下七根柱子："圣智慧属神，教堂则属人，住进身体如住进教堂般，我们真正的基督上帝出自我们圣洁的主宰者圣母。所说'立下七根柱子'，是指我们怀神的圣神父的七次公会议。"① 这种在教父学作品影响下写出的解释见证着克利缅特对哲学神学问题的兴趣。他属于因为善于解释权威著作的精义而被尊为哲学家的思想家类型。解经作为哲学思考类型是整个中世纪十分特有的现象。②

克利缅特在《书信》中总共论述了十六种象征形象与情景，在这篇书信作品的结尾则指出，所尊之书思想丰富、含意深刻、精义无穷，这些都不是简单一读所能得到，而需要深入的理解："写了16句话，精妙和值得称赞，不是教会之读所得，因其思想宏富、含意深刻、文辞隽永。"③

在分析有罪者格奥尔吉的《纪年》时已指出，在拜占庭和古罗斯文学中被称为哲学家的不仅是那些长于理论思维和深刻阐释圣书的人，还有那些以行为确立所认信的思想的实践家。在中世纪形成单独一类的思想家修行者和哲学家修道士，他们是话语不多、有时

---

① Н.К. 尼科利斯基：《12 世纪的著作家、都主教克利缅特·斯莫利亚季奇的文学作品》，圣彼得堡 1892 年版，第 105 页。
② Г.Г. 马约罗夫：《中世纪哲学的形成（拉丁教父学）》，莫斯科 1979 年版，第 11—15 页。
③ Н.К. 尼科利斯基：《12 世纪的著作家、都主教克利缅特·斯莫利亚季奇的文学作品》，第 136 页。

甚至完全静默的生活导师，按苏格拉底理解的怀智慧的教导者应有的风貌。

在这个层面上的鲜明人物之一是洞窟修道院的费奥多西（约1036—1074年）。作为基辅洞窟修道院的住持、严格的修行者和众修士不知疲倦的教导者，费奥多西在我们面前表现为一位历尽沧桑的老者，尽管活了不到40岁。[①] 著名的编年史作者涅斯托尔写了他的生平传记，这部传记是古罗斯圣徒传的优秀作品之一，成为以后作者的典范。《洞窟修道院费奥多西传》包含在一系列文献典籍中，最古老的抄本按莫斯科克里姆林宫圣母安息大教堂12—13世纪的手稿出版，手稿现藏于国家历史博物馆。[②]

在涅斯托尔的传记中一个令人惊异的少年形象跃然纸上，他为寻找自己的使命离家出走。他不被儿童的游戏和少年的玩乐所引诱，不关心世俗之福，却向往精神之福，"大家都为少年的智慧和颖悟、学东西快而称奇"。少年来到洞窟修道院创始人成德者安东尼身旁，在他面前跪下来恳求收自己为徒。安东尼指给他看自己居住的洞窟："孩子，看到这个洞窟了吧，凄凉之地，比别处都狭迫。"但青年没有被"凄凉狭迫"的修道生活所吓倒，很快成为一名最勤奋的修行者，在安东尼去世后则成为众修士公认的教导者。

费奥多西的活动没有局限在修道院院墙内。他表现为一位积极的社会活动家：帮助穷人，为寡妇伸张正义，斥责篡权和践踏法律的王公。他把修道院加强为基辅精神生活的聚集地，为著名的圣母安息大教堂（它成为罗斯类似教堂、包括为莫斯科王公和沙皇举行

---

① В.А.恰戈韦茨：《成德者费奥多西的生平与著作》，载《大学学报》，基辅，1901年第2卷，第6、8、10、12期。

② 《圣母安息大教堂12—13世纪文集》，О.А.克尼亚泽夫斯卡娅、В.Г.杰米扬诺夫、М.В.利亚蓬整理出版，莫斯科1971年版，第71—135页。

加冕礼的俄国主要教堂①的原型）奠基，把斯都弟教规引入祖国修道实践，鼓励缮写书籍，在修道院中办病人收留所。王公和法官看见修行者的威望很高，都有些害怕他："就这样我们的圣神父费奥多西在法官和王公面前庇护了许多人，救下他们，因为谁也不敢违拗他，知道他公义而神圣。"老百姓却爱戴他，因为他无私、生活正派和愿意帮助受冤枉的人。

从洞窟修道院的费奥多西保留下来的著作有十一篇：两封给伊贾斯拉夫·雅罗斯拉维奇公的信，八篇训喻和一篇祷告，都在13—15世纪的抄本当中。② 这些作品短小精悍，朴实无华，同时透彻心扉，充满对人的真切同情，呈现出11世纪劝喻教导的典范。成德者向人心最精微的深处发问："我爱的人们哪，我们给这个世界带来什么，又带走什么？"或发感叹："不是心在我们身上燃烧嘛！"（《论忍耐和爱》）

修行者在给伊贾斯拉夫公的书信中捍卫正教信仰，以它为对抗罗斯敌人的思想武器："没有其他一种信仰比我们的信仰好，正教信仰是唯一纯正和神圣的信仰。"但他在这里也呼吁大公对所有人都要怜悯，不论其信仰和民族归属："…… 既要施舍给自己教的人，也要施舍给其他教的人；看见光着身子、挨饿受冻的人，或者遭难的人，不管他是犹太教徒、萨拉森人还是布加尔人，也不管他是异端、天主教徒还是异教徒，只要能够，都要开恩并出手搭救……"③ 不是教派的局限性，而是豁达的人文主义观点把洞窟修道院的费奥多西定义为11世纪古罗斯的鲜明修行者和思想家之一，涅斯托尔关

---

① 《莫斯科克里姆林宫圣母安息大教堂》（资料与研究），莫斯科1985年版。

② И.П. 叶廖明：《洞窟修道院的费奥多西的著作遗产》，载《古罗斯文学部学报》，第5卷，莫斯科—列宁格勒1947年版，第159—184页。

③ 同上书，第171—172页。

于他写道，他"像哲学家那样有智慧"。

图罗夫的基里尔（约 1130—1182 年）被称为"在罗斯尤为闪耀的金口"。他的传道、论说和讲话代表着古罗斯祝颂体的顶峰。图罗夫人的最好的作品收入用于节日诵读的《金口集》和《历书集》，用最有名望的拜占庭作者、首先是金口约翰的著作编写而成。[①] 这是一位和伊拉里昂一样有才华的和鲜明的思想家。使两者接近的是在创作崇高思想层次的作品、深刻的象征意义和宏大的艺术形式（非常有美感地把内容组织起来）上的创作手法。К.Ф. 卡莱多维奇、А.И. 波诺马廖夫、И.П. 叶廖明等人对图罗夫人的创作进行过研究。

图罗夫的基里尔的一篇作品是哲学寓言的典型例子，它被冠以双重名称：《人的心灵和身体的寓言》或《瞎子和瘸子的寓言》。[②] 瞎子托寓心灵，瘸子托寓身体。他们合伙干下一桩罪行——偷盗交给他们看管的葡萄园。围墙环绕的"葡萄园"——这是受到坚固的道德诫命保护的人的安稳存在的象征。葡萄园的主人是托人看管它的造物主。犯了法的心灵和身体为自己的罪行受到严厉惩罚。

这则哲学寓言不仅带有道德化的性质：它具有尖锐的政论指向。基里尔作为图罗夫公国的主教，在寓言中严厉谴责表现为瘸子形象的安德烈·博戈柳布斯基公（他确实有点儿瘸），以及他的亲信弗拉基米尔的费奥多尔主教（在编年史料中被戏称为费多劣）。前者在 1169 年把罗斯古都基辅洗劫一空，使衰败的城市无法与罗斯东北部崛起的中心弗拉基米尔竞争。后者则在大公的怂恿下从君士坦丁堡牧首那里骗得都主教的称号，并宣布他的教区是自主教会，独立

---

① Е.Э. 格兰斯特列姆：《古罗斯和南方斯拉夫文献里的金口约翰（11—14 世纪）》，载《古罗斯文学部学报》，第 29 卷，列宁格勒 1974 年版，第 186—193 页。

② И.П. 叶廖明：《图罗夫的基里尔的著作遗产》，载《古罗斯文学部学报》，第 12 卷，莫斯科—列宁格勒 1956 年版，第 340—347 页；现代俄语译本，见《古罗斯文学作品：12 世纪》，莫斯科 1980 年版，第 290—309 页。

于作为罗斯教会首脑的基辅都主教。尽管整体上如未来发展所表明，罗斯的政治和宗教中心转移向东北部的过程是必然的，但在其中使用背信弃义的手段却遭到社会舆论的谴责。罗斯的统一不应该建立在欺骗和罪行的基础上——这就是图罗夫的基里尔在其作品中所表达的深刻思想。"明知故犯者尤甚"——即便出于善良的愿望做恶事也不能不受惩罚。这些关于目的和手段、犯罪和惩罚、人和社会的组成力量博弈的思想，将成为在俄国文学和在俄国哲学中的主导思想之一。

在《白神品与修道记》（《无忧国王和他的有智慧的谋臣记》）中象征性地解释人及其存在形象。① 城指的是"人的身体组成"。"城里的人叫做感官：听官、视官、嗅官、味官、触官和恶欲。""国王是掌管全身的智慧"。惊动全城的响声——"这是对人的突然袭击"。国王疾奔救命的大山——这是智慧在寻找依靠。明智的谋臣——这是"智慧之忧"，对存在意义的思考。国王眼前的大山是修道院；里面的洞窟是教堂；明亮的光是教堂的歌声；衣衫褴褛的人是修道士；身边放着的武器是出家人的美德。让国王震惊的是，"一贫如洗"的出家人喜悦而坚定，正如找到自己存在意义的人一般。作者在结尾称赞洞窟修道院的费奥多西是真正的出家人的典范，真诚地热爱自己的兄弟们。

图罗夫的基里尔在《论僧品》中对修道士服饰和行为给出象征性的解释，把它们与《旧约》（"亚伦的袍子"）和《新约》（基督为人类受苦）故事联系起来。② 服装尤其是在中世纪不仅具有实际的用途，而且有深刻的世界观、等级和思想性。当代研究者也指出僧侣

---

① 《古罗斯文学部学报》，第 12 卷，第 348—354 页。
② 同上书，第 354—361 页。

服饰的单独语义。"修道士衣着是军人制服的独特的有神秘意义的同类物"。[①] 腰带——下决心事奉的标志，单独的"肩佩"——"基督伤口"的象征，遮住身体的黑斗篷——与世隔绝，高筒帽——盖住头的头盔。修道士表现为一支团结的队伍，像军人一样与不可见的敌人——魔鬼及其仆从作战。他们生活严酷，服从教规，他们战斗与牺牲，自觉地为选定的理念奉献自我。修道团体表现为封建社会的社会结构中在思想方面最坚定的一部分，是在频繁的内忧外患中保持稳定所必需的一部分。必须首先从这一功能来理解修道团体在中世纪的作用，而不是从实用性和庸俗社会学的角度去看，这种观点的代表认为修道士只是一些白吃饭的人，靠老百姓养活，从事没有人需要的苦修。

图罗夫的基里尔的创作同样可以和克利缅特·斯莫利亚季奇的哲学神学解经相比，只不过用更完美的艺术形式来表达："作为哲学家和神学家的图罗夫的基里尔属于基督教神学思想的那一流派，其代表人物在为某一圣经文字作注解时，以揭示它的'真'、'精'义和托寓的潜台词为己任……"[②]

图罗夫的基里尔是有才华的著作家，他的创作扎根在斯拉夫民间文化，巧妙地利用易懂的、从基督教以前时期借鉴来的战胜一切的春天形象。万物复苏、一片欢腾的大自然画卷被他用来描写战胜多神教的新信仰的成圣。在为复活节一周庆祝（正好赶上春季时期）结束所作的《颂福马周》（或复活节下一周）中，他用绚丽的笔调写道："眼下有罪的冬天在忏悔中结束…… 福马的不信任的坚冰也因现出基督的肋骨而融化。此刻春意正浓，地气复生，微风拂面，嗯

---

① Г.Г. 普罗申：《黑衫军——俄国正教修道院》（传说与纪实），莫斯科 1988 年第 2 版，第 254 页。

② И.П. 叶廖明：《古罗斯文学讲座》，列宁格勒 1968 年版，第 82—83 页。

喁细语，果实结出，大地孕育种子，生出绿草。春天就是美好的基督教信仰，用洗礼折服人的本然；狂风是做恶的念头，用忏悔能化成美德，结出有益心灵的果实；我们的本性像地一样，把神的话如种子般种下，用敬畏恒久守候，生出得救的气息。"[1]

图罗夫的基里尔没有把认识论问题放在一边。他在寓言《论智慧》中把认识和道德根基联系起来，认为"柔顺是智慧、理性、善念和一切善事之母"。谦卑表现为柔顺的母亲形象，人类一切其他美德，包括智慧在内，都是她的孩子，父亲则是主本人。与这个神圣家族对立的是魔鬼的亲族，其中骄傲是人类恶习之母，父亲则是撒旦自己。

思想家感叹道，莫非人想要的不是生母而是后母，不是主而是魔鬼，不是美德而是恶习："还想要抛弃这个母亲，去爱继母和她的孩子们；与他们一起为自己找来骄傲的魔鬼，陷在地狱的黑暗和不熄的火里，你也将同他们捆绑在一起。"象征意义由于诉诸亲属纽带这种亲密关系而增强了。毫无疑问，作者表现出不仅是一位道德家，还是一位好的心理学家，善于抓住人的要害。只有止息自己傲气的道德高尚的人，才能不仅获得许多心灵之福，而且成为有智慧的读书人、深刻和真正知识的代表，能把它传给其他人："但还要顺从，松软心灵的土地并种下一颗小种子，在自己身上结出许多得救的籽实，要是心灵的房屋盛不下，就把它送给需要的人：先解书上的寓言，再解不明的话语，对所有经文作出解释。"[2]哲人、道德家、书籍知识的解释者在图罗夫人笔下表现为正面思想家的理想。

反面思想家的形象贯穿在作者的另一篇著作《尼西亚公会议圣

① 《古罗斯的教会劝喻文学作品》，第 1 辑，圣彼得堡 1894 年版，第 138 页。
② K.卡莱多维奇：《12 世纪的俄国文学作品》，莫斯科 1821 年版，第 89—91 页。

神父赞》中。^① 在发生在 325 年尼西亚城（在这里举行的第一次普世会议上通过了基督教信经）的教义辩论中，阿里乌及其支持者反对圣三位一体的所有位格"同质"的教义，捍卫"类质"说以及圣父、圣子和圣灵逐级次第的所属关系。当时的神学哲学争论从一方面反映出在基督教教义原则形成时期的尖锐思想形势，另一方面也反映出存在有力的思想流派、希腊化世界的丰富思想传统和思维多元化，正在成为东罗马帝国占统治地位的思想体系的基督教力图使思维划一。图罗夫的基里尔不是平白无故地指出，阿里乌的支持者是"很厉害的哲学家和文人"。这些"为阿里乌辩论"的哲学家在尼西亚公会议上艰难地被挫败，阿里乌派却依然在基督教世界里传播。如研究者所指出，阿里乌派元素在罗斯也有迹可循，尤其是在托在希腊传道士名下写入《往年纪事》中"哲学家讲话"的信经文本里。^② 图罗夫的基里尔捕捉到神学哲学思想的各种发展意向，力图捍卫精神指导者的活动有劝喻和拯救心灵的性质，他本人就是这种教导者的典范。^③

思想家、著作家和政论家不仅出现在有神职称号的人当中，尽管他们在中古时期居多。弗拉基米尔·莫诺马赫无疑是 12 世纪平信徒中一位重要的文化人士（如果不算《伊戈尔远征记》不确定的作者，他很可能也不是教会著作家）。这位富有远见的政治家、成功的统帅和外交家在 1113—1125 年担任基辅大公，是拜占庭皇帝君士坦丁·莫诺马赫的外孙。他统治的时期是基辅罗斯政治强盛和文化繁

---

① 《古罗斯文学部学报》，第 15 卷，第 343—348 页。

② П.К. 扎博洛茨基：《关于"首部编年史"的外来文献史料问题》，载《俄罗斯语文学通报》，华沙，1901 年第 1—2 期，第 28—30 页；А.Г. 库兹米：《罗斯接受基督教》，见《科学无神论问题》，第 25 辑，莫斯科 1980 年版，第 28—29 页。

③ В.В. 科列索夫：《图罗夫的圣基里尔作品——寓言、论说、祷告》，莫斯科 2009 年版。

荣的时期之一。①

　　弗拉基米尔·莫诺马赫创作了一部《家训》，在拉夫连季编年史中唯一一份抄本中保留下来，与 А.И.穆辛-普希金手稿一起幸运地没有在 1812 年莫斯科大火中焚毁。②在文本学研究的基础上弄清，《家训》由四部分组成，其中三篇（《家训》本身、自传和给奥列格·斯维亚托斯拉维奇公的信）为弗拉基米尔·莫诺马赫所作，作品结尾的祷告则可能是安德烈·博戈柳布斯基或其他作者所作。③

　　莫诺马赫在去世前不久写下透彻心扉的真诚告白，以其人文性和悲悯心令人折服，力图防止内讧之恶、使人摆脱恶和坏的行为。他在古罗斯文学中并非偶然地表现为理想的统治者，与"十恶不赦的"斯维亚托波尔克形成对比，后者杀害弟弟、违背誓约、骗取权力，最终亡命天涯。

　　来看一下史料的原文，摘引几行文字。④作者在谦卑的开场白后呼吁心存神的敬畏，这在中世纪语义中意味着不懈追求远离恶、记住罪的沉重和犯罪的恐惧。"神的敬畏"是不断提醒遵从善，是不接受任何面貌的恶，是各种善的开端："首先，为上帝也为自己的心，心存神的敬畏，慷慨施舍，是各种善的开端。"

　　作者内心的忧虑表达在下面的话中："心啊，你为何忧伤？为何使我不宁？"他求助于诗篇和大巴西尔的训喻，找到表达他思想

---

① И.М.伊瓦金：《弗拉基米尔·莫诺马赫大公及其〈家训〉》，第 1 部，莫斯科 1901 年版；А.С.奥尔洛夫：《弗拉基米尔·莫诺马赫》，莫斯科—列宁格勒 1946 年版；Д.С.利哈乔夫：《弗拉基米尔·莫诺马赫大公著作集》，见 Д.С.利哈乔夫：《丰厚的遗产》，第 111—131 页。

② 弗拉基米尔·弗谢沃洛多维奇·莫诺马赫大公给他的孩子们的精神训诫，在苏兹达利编年史中称为《家训》，圣彼得堡 1793 年版。

③ Р.马季耶先：《弗拉基米尔·莫诺马赫作品的文本学评注》，见《古罗斯文学部学报》，第 26 卷，列宁格勒 1971 年版，第 192—201 页。

④ 引自古罗斯文学作品：《俄国文学的开端（11 世纪—12 世纪初）》，第 392—413 页。

的话："避开恶，行善事，寻太平…… 敬年长者如父，待年轻者如兄…… 忌撒谎、酗酒和淫荡，心和身体会毁在这上面…… 心不骄，头不傲…… 爱自己的妻子，但不要让她们管…… 信的人要学会恭谨行事……"

"人是什么，你如何想他？"这句话后面是在大巴西尔和保加利亚督主教约翰的《六日说》影响下书写的咏叹——关于大自然的美景、人物的多样性与世界的和谐，世界的中心站着创造的桂冠——有理性的人，享受世上的各种福。莫诺马赫接下来告诫孩子们：不要忘记困苦人，要帮助穷人，不欺压弱者，不违反盟约，尊重精神教导者。《家训》中除道德警句外还包含实际的指导，如怎样统治臣民，怎样打仗，怎样干活儿勤奋、不偷懒。

莫诺马赫在自传篇中讲述自己坎坷的一生，充满操劳、出征和变故。从头脑发热、思虑不足的年轻时起征战无数，到活到这把年纪。在结尾部分给敌人奥列格·斯维亚托斯拉维奇公（打了败仗并杀害自己的教子伊贾斯拉夫）的信中，弗拉基米尔·莫诺马赫呼吁和解、尽释前嫌，为罗斯大地的统一而放下仇恨与纷争。大公这篇著作的含义和目的归结在下面的话里："我想要的不是恶，而是兄弟和罗斯大地的善。"从这句话中表现出对其行为、言论和思想的高度责任感和义务感。莫诺马赫在我们面前不仅是一位有道德的思想家，而且是一位集智慧与权力于一身的英明统治者，表现为某种古罗斯版本的各时期启蒙者梦寐以求的"哲学王"。

都主教尼基福尔是弗拉基米尔·莫诺马赫的同时代人，1104—1120 年任罗斯教会首脑，是"小亚细亚吕底亚的希腊人"[1]、经验丰

---

① 菲拉列特（古米廖夫斯基）：《俄国宗教文学述评（862—1863）》，圣彼得堡 1884 年第 3 版，第 28 页。

富的神学家和政治家。他领导基辅都主教区大约 17 年，是罗斯公手下典型的希腊人－都主教人物，精通政治与宗教款曲的出类拔萃之人。至于说创作活动，有五篇作品归在尼基福尔笔下，他是"三封驳天主教徒的书信———一封给弗拉基米尔·莫诺马赫大公，另一封给姓名不详的公，第三封给穆罗姆公雅罗斯拉夫·斯维亚托斯拉维奇（后两封非常相似）——以及两篇论斋戒的文章的作者：一篇仍是以给莫诺马赫的书信形式，另一篇是以向宗教人士和百姓训喻的形式"。^①

有一种看法是，尼基福尔首先用希腊语写自己的作品，然后再被翻译成俄语。不管怎样，他在上面提到的最后一篇文章中承认，"没有给我语言才华"用会众的母语同他们讲话，并"因此不出声地站在你们中间，很多时候都在沉默"。尼基福尔既然不能指望口头传道，就转向书信和书面训喻的体裁。在这些作品中既没有图罗夫的基里尔一类作者所典型的对斯拉夫语的自如掌握，也感受不到都主教伊拉里昂与众不同的爱国热情；尼基福尔的作品是世界性的，面向基督教理解下的人类共同价值，具有书籍的抽象性特点。^②

在哲学方面最有价值的是《尼基福尔给弗拉基米尔·莫诺马赫的论斋戒的书信》，1815 年第一次发表时题为"基辅都主教尼基福尔给雅罗斯拉夫之子弗谢沃洛德之子弗拉基米尔大公的书信"。^③它出现在许多抄本中，16 世纪被收入大月书。研究者不止一次谈到它，在革命前的出版物中 C.Π. 舍维廖夫对《书信》作过详细探讨，在

---

① A.H. 佩平：《俄国文学史》，第 1 卷，见《古代文献》，圣彼得堡 1911 年第 4 版，第 115 页。

② C.M. 波良斯基：《尼基福尔——杰出的古罗斯思想家》，见《都主教尼基福尔的作品》，莫斯科 2006 年版，第 5—86 页。

③ 《罗斯文典》，第 1 部，莫斯科 1815 年版，第 59—75 页。

当代出版物中则是 C.M. 波良斯基和 B.B. 米利科夫。[①]

　　该史料值得注意之处在于，它是讨论与个人心理有关的人的认识能力的最早的古罗斯文献之一。除认识论问题外还涉及社会和伦理问题；其重要之处还在于，它是拜占庭和罗斯文化交往的明显见证。[②] 该作品与其说是一人给另一人的私人书信，不如说是教会首脑写给国家元首的信函、具有半官方文件地位的独特训令，尽管是用亲密的语气写成，它的作者则表现出是一位在罗斯本土施展才华的异域哲学家。

　　《书信》用大斋期间的训导形式写成，因为此时通常由神职人员向会众发表训诫。尼基福尔不是简单地照本宣科，发表一些关于斋戒是"美德缔造者"的议论，它的好处是摧毁多神教的不加节制，而是努力有说服力地传授，剖析人的复杂本然，其中理性本原与不加节制的欲望搏斗："我们的生命有两重：有道和无道，无形和有形。有道的和无形的是属神的和美好的，涉及无形的本然；无道的则涉及欲望和贪婪，因此在我们身上有许多争斗，身体对抗精神，精神也对抗身体"。对人的本然的"两重性"、也就是双重性以及精神与身体"争斗"的理解，构成中世纪关于人的心理观念的基础。

　　尼基福尔为揭示人的意识的复杂辩证法而求助于基督教阐释下的古代古典的灵魂三分说："灵魂由三部分组成，或者说有三种力：道、气、意。"道是指悟性、理智、逻各斯，人身上的最高本原。气是指情感、欲望、情绪，是提供生命能量的自发力。意表现为意志、意愿、活动的目的性，由它产生出事奉于理念以及修行，它就

① C. 舍维廖夫：《俄国文学史》，第 2 部，圣彼得堡 1887 年版，第 111—115 页；《都主教尼基福尔》，B.B. 米利科夫、C.B. 米利科娃、C.M：《波良斯基成果集》，圣彼得堡 2007 年版。

② M.H. 格罗莫夫：《关于一份古罗斯 12 世纪的文献典籍》，载《莫斯科大学学报》（哲学版），1975 年第 3 期，第 58—67 页。

像是把理性的"道"和非理性的"气"联系起来，使情绪服从理智。术语"气"的词源很有意思。它与怒气、火气、躁气、庚气、喜气洋洋的"气"有关。[①] 在希腊语中这些概念都用词位 ὀργή 表达。自发和放纵的本原从多神教时期起在人身上就很强烈。需要若干世纪的顽强斗争才能塑造出能学会更理智地自我控制的一类人。在这之后中世纪苦修主义的社会心理功能才变得可以理解和在历史上得到正名，它被用来摧毁多神教的不加节制。无可争议的是，有过一些极端现象：禁绝肉欲，把崇拜受苦作为中世纪苦修主义的最高纲领，但整体上养成节制的时代是所有开化民族走过的必经阶段。尼基福尔关于这一点写道，"……万民都斋戒，有的在这段时间，有的在那段时间，有的斋戒时间比我们还多"。至于说术语"苦修者"，则它来自希腊语 ἀσλητής—— 竞技者、角力士、练功的人。

三部分组成的灵魂掌管着人的身体，"全身上下有五个仆人，或者叫五官：目官、听官、嗅官，也就是鼻，味官和触官，也就是手"。这样看来，传统的和被现代科学所采纳的五种感官和五种感性认识形式的学说至少从 12 世纪初起、很可能是更早已被古罗斯人所知。尼基福尔把感性认识器官比作"仆人"，服从理智——"大公"。

都主教关于"目"所实现的"视"写道："睹乃可信之官，若非失了理智，则所见为实。"只要有理智地使用视觉，它就是最可靠的认识来源之一，对听觉则不能这么说，它"时而为真，时而为假"。思想家对视觉和听觉的差异加以思考，得出以下认识论结论："应信目之唯一所见，而不应信听觉，也不是不信，而要对听到的考验和审问再三：方可作出回答。"于是，对听来的知识需要作仔细审核：只有在多次考验后才能作出它是真是假的结论。

---

① И.И. 斯列兹涅夫斯基：《古罗斯语词典资料》，第 3 卷，第 1662—1664 列。

问题在这里不仅归结为听觉的局限性，而主要归结为，认识主体没有能力亲自直接看到一切，而不得不利用从别人那里言传和听来的消息。如果说人不会自己欺骗自己，那么别人由于各种原因完全可能对他进行误导。尼基福尔不相信"听觉"的主要原因正在于此，这里的"听觉"指的不是个人的直接听觉，而是通过言语传递的间接情报。古罗斯作者的这番议论与弗朗西斯·培根关于"市场（或广场）偶像"的思想有几分类似，这种偶像所产生的歪曲"比其他更甚"，"随话语和名字一起渗透到理智"[①]：尼基福尔称错误的意见为"心灵之患"。

尼基福尔在讨论其他几种感性知觉时没有深入到理论思考，而是把它们同大公的个人品质联系起来。说到嗅觉时，他谈到莫诺马赫的朴素，表现为穿戴简单的"陋"服，不带饰品和香料。在探讨"味觉"时，尼基福尔谈到大公在"饮食"上有节制和待客周到。他把触觉比喻为大公"向所有人送出恩惠"的慷慨之手。

《书信》作者在向收信人讲完人的灵魂结构后，提出设问并自己作答："为什么要唠叨这些大白话？你要明白，我的大公，因为我关心你，就像身体的医生如果爱病人，就会想办法除掉第一个病因——对理智的疾病也会这样做。"尼基福尔试图扮演理智疾病的医治者的角色，完全符合哲学家是精神医生和理智医神的最古老的形象之一。

有学问的希腊人巧妙地把心理和伦理问题与社会问题联系在一起。他把理智在人心中的作用比作掌管自己领土的大公的职能。"心灵端坐头脑，智慧自有明眸，全身奋力而为。正如你，大公，稳坐自己地盘，将士和走卒行遍大地，你才是主人和大公。"尼基福尔

---

① 弗·培根：《文集》（两卷本），第 2 卷，莫斯科 1972 年版，第 25 页。

谈到权力的责任，因为掌权者能够带来大的益处，也能招致"大患"。他提醒莫诺马赫出身名门，呼吁守护"父辈的真传"，谨记公正统治国家。发达的希腊哲学文化的元素通过尼基福尔一类的思想家渗透到罗斯。[①]

　　闭锁者丹尼尔的《求告》或《词章》是 12—13 世纪初祖国文学最富趣味的作品之一，保留在 16—17 世纪的几个抄本中，也被称为《书信》和《书简》。该作品由 H.M. 卡拉姆津发现，在 150 多年里引起不绝的争议。一些研究者认为《词章》和《求告》是同一文本的两个校本[②]，但对哪一个校本更老的问题同样看法不一。[③] 另一些研究者则以为，《词章》和《求告》属于"不同作者和相异时代"。[④] 关于文章作者本人也有争议。"有的研究者认为他是贵族，有的认为是亲兵，也有的认为是奴隶，还有的推测丹尼尔压根儿没有稳定的社会地位。"[⑤] 这位鲜明人物的命运同样不为人知，一些专家甚至以为，在我们面前是一个使用假名、文学上故弄玄虚或题名作伪的例子。

　　我们不陷入文本学问题的论战当中，暂且认为该作品是同一份文献，把注意力首先放在其思想内容、风格特征和思想表达形式上。饱读拜占庭文学著作、尖锐的政论形式、恳求并同时充满自尊的语气、严肃和戏谑的巧妙结合——这些都使 И.П. 叶廖明作出以下结

---

① Ф.乌斯宾斯基：《拜占庭文化史论文集》，圣彼得堡 1891 年版；C.C.阿韦林采夫：《哲学思想的演变》，见《拜占庭文化（4 世纪—12 世纪上半叶）》，莫斯科 1984 年版，第 42—77 页。

② С.П.奥布诺尔斯基：《古代罗斯标准语历史论文集》，莫斯科—列宁格勒 1946 年版，第 126—129 页。

③ 确定第一个校本在先的主要有 П.明达列夫（《闭锁者丹尼尔的求告及其相关作品》，喀山 1914 年版，第 340 页）；坚持第二个校本更老的是 Н.К.古济（《闭锁者丹尼尔属于何种社会集团？》，见《纪念 A.C.奥尔洛夫院士学术生涯四十周年论文集》，列宁格勒 1933 年版，第 477—485 页）。

④ М.Н.季霍米罗夫：《10—18 世纪的俄国文化》，莫斯科 1968 年版，第 163 页。

⑤ Д.С.利哈乔夫：《丰厚的遗产》，第 206 页。

论:"《求告》在体裁上与和它同时代的 12 世纪拜占庭著作家提奥多尔·普罗德罗莫斯和米海尔·格吕卡斯的调侃书信类似,两人都以从狱中向拜占庭皇帝写信恳求而出名。"① 从《求告》的开头几行文字就读出一首"充满灵感的理智与智慧的赞歌","具体化为几十句格言、谚语和精辟犀利的话语"。②

这篇作品的开头很雄伟:"兄弟们,让我们吹起理智的金角,并奏响智慧的银箫…… 我用比喻解开谜团,向万民传述我的荣耀。有识者之心在他身体里因智慧而强固。"③ 接下来对文本的分析表明,它的作者视野广阔并通达哲学智慧,尽管他以中古思想家特有的谦卑声明:"我虽无智慧,却披上智者的衣袍。"

闭锁者"为贫穷所困",向他写信"求告"的大公诉说自己的悲惨境遇。同时他认为,"人在悲伤中智慧练达"。作者的反大贵族倾向表现在下面的话里:"我宁愿在你家里喝水,也不愿在大贵族府中饮蜜。"这使一些研究者把《求告》界定为鲜明的"早期贵族政论作品"④,反映出作为未来封建中央集权国家基础的官职阶层思想体系的出现。

丹尼尔称颂大公的雄风、作战经验和组织才能:"放马要跟勇敢人,打仗要随好大公。队伍乱套吃败仗。我曾见:兽虽大而无头;大队人马无明主而亡……鼓瑟用指节,身壮凭筋骨,橡树稳靠根多;我们的城池坚固靠你大权在握。"

思想家呼吁大公注意他所具备的干练品质:"别看我的外表,当

---

① И.П. 叶廖明:《古罗斯文学讲座》,第 129 页。
② М.О. 斯克里皮尔:《闭锁者丹尼尔的词章》,见《古罗斯文学部学报》,第 11 卷,莫斯科—列宁格勒 1955 年版,第 79 页。
③ Н.Н. 扎鲁宾:《闭锁者丹尼尔的词章》(按 12 和 13 世纪校本及其更动),列宁格勒 1932 年版。
④ И.У. 布多夫尼茨:《古罗斯的社会政治思想》,莫斯科 1960 年版,第 269 页。

看内在。我衣着寒酸，却满腹经纶；年纪轻轻，智慧老成。思想迅捷，如鹰在空中翱翔。"闭锁者不以作战勇敢而出众："我打仗虽不勇敢，却擅文辞。"哲人也不需要这个："聪明人打仗不勇敢，却善计谋；为此招纳贤士。"丹尼尔认为自己是"精神战士"、有思想的个人，能为国家带来好处，但没有国家的支持他却是"贫穷的智者"。

闭锁者丹尼尔是中世纪知识阶层、并且是以后开始被称为平民知识分子阶层的独特代表。В.Г.别林斯基认为《求告》是"实践哲学和有识雄辩"的典范，并非偶然地对它的作者抱有深刻同情："无论闭锁者丹尼尔是谁，都能不无根据地下结论说，他是下面的人中的一个：他们不幸生得过于聪明，过于有才华，懂的太多，又不善于向人隐藏自己的长处，得罪了自以为是的庸人……"[1] 这种"聪明误"在许多俄国思想家的坎坷命运中并不罕见。重要的还在于，《求告》是古罗斯文学中的第一份文献，其中确定有思想的人的价值不是根据其阶层地位、而是"依据其个人品质"。[2]

《求告》如宝石般闪烁和辉映着鲜明的格言警句，取自教父作品、民间语言或由作者自创："金子被火销，人被磨难炼…… 人在悲伤时被眷顾，好似炎炎夏日得饮冰水…… 鸟儿欢悦春天，孩童喜爱母亲…… 智者的眼眸思慕善事，愚人的眼光却瞥向酒肆。听聪明人争辩，胜过听蠢人劝诫…… 人家那里是爱邸，我却遭此不幸；人家那里是白湖，我这里是黑潴；人家那里是拉恰泊，我却被关在上面哀哭……"《求告》韵律整齐的散文时而化作诗行。闭锁者的一些格言被收入古罗斯书翰，尤其是名为《蜜蜂集》的警句集里。《求

① 《别林斯基全集》，第 5 卷，莫斯科 1954 年版，第 351 页。
② В.В. 库斯科夫：《古罗斯文学史》，莫斯科 1989 年第 5 版，第 123 页。

告》本身也经常与公认的权威的作品一道被列入劝喻性文集^①，其作者也呈现为格言智慧的鲜明代表、祖国和世界文学中脍炙人口的哲学家形象之一。^②

用短小精悍的寓言、训喻和警句表达的哲学思想自古流行于世界各民族中。伊索的妙语，七贤的语录，克吕西波斯的金句，圣经中的许多文字，希腊化时代流行的汇编文集——这些都为成为中世纪格言文学典范的拜占庭《采花集》准备了土壤。其历史可追溯至远古时期的最古老的文明。形成于公元前 7 世纪的亚述—巴比伦，在叙利亚语、阿拉伯语、亚美尼亚语、希腊语和斯拉夫语版本中传播，在俄译本中取名为《圣阿基尔记》的作品就是这种命运。^③

古罗斯文化中这种基本上同翻译文学有关的书籍传统与在有文字以前形成的民间口头创作融合在一起。它在后来补充进古罗斯著作家、传道士和政论家的本有思想。在其框架下形成大量的格言思想作品，不仅为书写文化，而且为艺术作品、生活器皿、建筑物和小型雕塑所典型。直到不久以前在民间创作中还鲜明地贯穿着用民谚、俗话和谜语来表达明快思想的追求。^④在流传很广的民间版画中经常出现机智的话语和警示的寓言。^⑤有时甚至在炉子这种实用生活物品上贴上瓷砖，在上面画上劝喻情景并配上有趣的语录。例如，在科斯特罗马的伊帕季修道院大贵族罗曼诺夫殿中就有这种镶瓷砖

① В.Н. 佩列特茨：《闭锁者丹尼尔〈词章〉新抄本》，见《古罗斯文学部学报》，第 12 卷，第 362—378 页。

② 《几千年的智慧》（百科词典），莫斯科 2002 年版。在从吉尔伽美什到弗洛姆的 5000 多条世界格言中也呈现出古罗斯警句，包括前面探讨过的弗拉基米尔·莫诺马赫和闭锁者丹尼尔的警句在内。

③ А.Д. 格里戈里耶夫：《圣阿基尔记》（研究与文本），莫斯科 1913 年版。

④ П. 西莫尼：《罗斯谚语、俗话和谜语等古代文集（17—19 世纪）》，第 1 辑，圣彼得堡 1899 年版。

⑤ 《俄国 17—18 世纪的民间版画》（Ю. 奥夫相尼科夫撰文和选图），莫斯科 1968 年版。

的炉子。①

我们仅仅面向文献典籍。智者语录（voces sapientium）已经出现在最早的翻译和原创文学作品中。

格言选在这个层面上独具趣味，类似于弗拉基米尔·莫诺马赫使用过的金纳迪乌斯《百句集》。在罗斯开始知道《米南德的智慧》、《伊西赫和巴拿巴语录》、大马士革的约翰的《对偶集》和神学家格列高利的《一行慧语》等史料，其中表现出"哲学元素的压倒性影响"。② 塞尔维亚语手稿《哲学的训诲》（13世纪）和《论哲学智慧》（14世纪）非常有意思。为修道士指定了西奈的尼尔或尼尔哲学家的作品选，在晚期的16世纪罗斯手稿中被称为《圣尼尔喻众僧箴言选》。③ 引用他的一则语录："23. 既然想要当爱智慧者，就不要贪图好生活，那些是草上的花，一碰就枯萎"，也就是说，既然想成为哲学家，就不要追求生活享受，因为它们就像草丛里的花，刚一触碰随即凋谢。

《蜜蜂集》是在罗斯流传最广的格言体裁作品，它从希腊语同名警句集 *Μέλισσα*（*Мелисса*）翻译过来。拜占庭原作由修道士安东尼在11世纪按斯托比的约翰（5世纪）的古代作者选粹和认信者马克西姆（7世纪）的教父集编写而成。这一作品不但流行，而且非常有权威。它被收入提到的都主教马卡里16世纪的史料汇编《大月书》七月卷。④《蜜蜂集》在17世纪与《基里尔书》中包含的公认的权威的著作一道被列入"所尊之书"名单。⑤

① В.Г. 布留索娃：《伊帕季修道院》，莫斯科1982年版，第67—70页。
② М.Н. 斯佩兰斯基：《斯拉夫罗斯文献里的语录翻译文集》（研究与文本），莫斯科1904年版，第13页。
③ 同上书，附录，第195—203页。
④ 国家历史博物馆手稿。Син.№ 996，第1077—1139张。
⑤《基里尔书》，莫斯科1644年版，第二编号，第3张背面。

《蜜蜂集》在 12—13 世纪大概是在加利西亚—沃伦罗斯从它晚期的缩校本之一翻译成俄语。B.谢苗诺夫将保留下来的最古老的 14 世纪羊皮纸抄本与希腊文本并列出版。[①] 有大量更晚期的抄本保存在国内外的许多书库。这些抄本有所改变，内容作了补充，包括古罗斯作者的思想在内，传到现在有多种版本。

最详细的罗斯校本包括 71 章，有 2500 多条言论、寓言和对训喻情节的描述。М.Н.斯佩兰斯基划分出斯拉夫语《蜜蜂集》的四个校本：罗斯校本、塞尔维亚校本、保加利亚校本和他所称的"1599 年罗斯校本"，尽管称之为乌克兰校本更准确，因为它在沃伦的德曼修道院独立于早期译本而完成。德曼版《蜜蜂集》独具趣味之处在于，它从瑞士学者康拉德·格斯纳的印刷版（苏黎世 1546 年版）翻译而成，特点是更加完整。这是祖国出版物中的一个有趣现象，从 16 世纪开始在印刷版的基础上创作文献典籍。

作品的名称与早在古代世界就流传的"勤劳蜜蜂"的形象有关，蜜蜂从一朵花飞到另一朵花上，辛勤地采集花蜜。想要啜饮智慧之蜜的人也一样，应勤奋地从各种源头聚集思想。这一象征性的形象被托在公元前 4 世纪的雅典演说家伊索克拉底名下，他对想要攀登哲学思考的存在山峰的青年们说："我们看到蜜蜂在花园中飞舞，从每朵花上吸收有益的东西，学习哲学和想要攀登智慧山峰的青年们也应从各处采集精华。"[②]

《蜜蜂集》中的语录按主题原则分类：论智慧、论公义、论勇敢和坚定、论财富与贫穷、论勤劳、论真与假、论哲学和教育儿童等。语录可能被指出作者（苏格拉底、柏拉图、伊壁鸠鲁、所罗门、

---

① B.谢苗诺夫：《按羊皮纸抄本的古罗斯〈蜜蜂集〉》，圣彼得堡 1893 年版。

② 同上书，第 167 页。

斐洛、金口约翰），出处（诗篇、福音书、使徒行传），不确定的哲人（"某哲学家""智者"），或没有指示任何出处。要指出的是，一些思想仅仅是被托在受人尊敬的权威名下（托名），许多都被歪曲和经过改写。对《蜜蜂集》进行仔细的哲学和语言学分析是当代科学、包括哲学史在内的一项有意思的课题。一些研究者认为，《蜜蜂集》是"古代作者思想的一位最重要的向导"。①

　　我们来展示一些这份哲学史料中所包含的智慧思想。例如，人必须不断自我完善的思想被托在苏格拉底名下，形象地说是耕耘自己的心田："他见自己的弟子一心耕田而荒废学业，说道：'小心哪，朋友，别只想着种地，却让心灵荒芜破败。'"他也被认为是鉴古知今的警句的作者："在想问题时，要思考一下过去发生的事，拿它和眼前的事比较，那些没有显露的就会立刻显露明白。"②

　　许多精彩的语录贡献给智慧、知识和哲学。"厄弗冷说：像号角集合军人打仗，书中的智慧也把人集合在神的敬畏上，心中有智慧和理智，去战胜魔鬼。"③智慧被看得比任何财富都贵重："智者虽贫穷，总有智慧为财富。"④哲学能服务于善与恶："哲学教义可为柔顺者行善事的兵器，也可为诡诈者做恶事的毒针。"⑤

　　在《蜜蜂集》和被称为《野花集》《蜜蜂集选篇》的相近史料中，还呈现出通常被划分为唯物主义流派的哲学家。例如，以下思想被托在自古在罗斯闻名的德谟克利特名下："临不义而能避之为智

①　В. 佩列特茨：《古罗斯关于古代世界的材料（11—14 世纪）》，见《赫尔墨斯》，第23 卷，彼得格勒 1918 年版，第 185 页。
②　В. 谢苗诺夫：《按羊皮纸抄本的古罗斯〈蜜蜂集〉》，第 10、20 页。
③　С.А. 谢格洛娃：《按基辅图书馆手稿的〈蜜蜂集〉》（初探与文本），见《古代文献和艺术作品》，第 125 卷，圣彼得堡 1910 年版，第 5 页。
④　С.П. 罗赞诺夫：《罗斯〈蜜蜂集〉历史资料》，载《古代文献和艺术作品》，第 104卷，圣彼得堡 1904 年版，第 38 页。
⑤　В. 谢苗诺夫：《按羊皮纸抄本的古罗斯〈蜜蜂集〉》，第 162—163 页。

慧之举。遇不义而无怨怼为善德之行。"^① 已经知道的还有托在伊壁鸠鲁名下的语录，例如："为人惧者岂能无惧乎"，也就是说，让别人感到害怕的人，自己也不会不害怕。在这部作品的全称中不是平白无故地提到"异教"（多神教）哲学家：《蜜蜂书。福音书、使徒和圣人之言与智慧，以及异教哲学家的才智》。^②

总结以上所说能够确认，在基辅罗斯（有时称蒙古入侵以前和早期中世纪罗斯）时代形成了语义丰富的哲学家观念，第一章在总的层面上进行了探讨。最有名和最受人尊敬的哲学家是教父时代的基督教思想家——殉道者查士丁、认信者马克西姆、大马士革的约翰、圣奥古斯丁。因高超的智慧而受人推崇的古代哲学家苏格拉底、柏拉图（被称为"第一个"和"最高的"）、亚里士多德、德谟克利特等被认为是哲学知识的创始人。斯拉夫人的祖师康斯坦丁 - 基里尔被公认为斯拉夫正教（Slavia orthodoxa）地区的正教哲学家典范，在他身上体现出拜占庭语文学、哲学和神学的综合。他的形象在古罗斯传统中占主要地位，并在很大程度上进入祖国思想的近代存在时期。

至于说不是在古罗斯场景中出现的、按文字和非文字材料所确定的理想的哲学家形象，而是祖国思想的实际代表人物，则他们的队伍要朴素一些。他们一方面向以前的哲学家崇高典范看齐，遵循他们所奠定的传统，尤其是教父传统和拜占庭巴尔干传统。而从另一方面，在他们身上无疑可以观察到，除迅速掌握他人的思想经验外，正在形成自身对世界、自然和人的理解。基辅的伊拉里昂、克利缅特·斯莫利亚季奇、图罗夫的基里尔和闭锁者丹尼尔是祖国哲

---

① 俄罗斯国家图书馆 17 世纪手稿。Солов.№869/979，第 95 张。

② 同上书，第 122 张。

学思想在形成时期和存在的最初几个世纪的当之无愧的代表。

希腊人都主教尼基福尔的神学哲学创作现象很有代表性，他是从君士坦丁堡被任命来的罗斯教会首脑，以其作品丰富了我国文化。在彼得以前时期还会有不少类似的异域民族的代表，他们将要来到罗斯并成为俄国思想家（这并不否定将其定为产生他们的另一种文化的活动家），下面会谈到这些。这一事实是祖国思想与域外哲学从最早时起富有成果的交往的见证。学习智慧和借鉴发达知识在任何时候都不会有害，不仅在基辅罗斯时代，在其他时期同样如此。

第三章　莫斯科罗斯时期的怀智慧者

　　早期中世纪的基辅罗斯呈现为多极化的公国体系，公国之间彼此仇视或相互结盟，尽管有地区差异，却构成某种统一的文化、政治和经济空间，这一体系被 1237—1242 年的蒙古入侵所摧毁。古罗斯各地形成了各自不同的命运。南部和西部公国并入正经历上升期的立陶宛大公国，后来在它与波兰合并后加入波兰立陶宛王国，一直待到 17 和 18 世纪。它们受波兰化和拉丁化，表现在乌克兰和白俄罗斯居民的语言、习俗和气质上。在接受天主教的条件下，哪怕是以合并教会的形式，都有机会让主要是小地主贵族和小市民阶层中有文化的代表在东欧的天主教大学里，如在克拉科夫的亚格洛大学和在布拉格的查理大学接受包括哲学教育在内的高等教育，我们知道不少这样的例子。

　　诺夫哥罗德和从它脱离出去的普斯科夫统治下的罗斯北方土地有单独的地位。大诺夫哥罗德曾是从波罗的海到白海的广大区域的主人，向本地的芬兰—乌戈尔居民收取贡赋，把毛皮和其他财物运往有汉萨同盟关系的北欧。在圣彼得堡建成以前，诺夫哥罗德都将起到欧洲的特殊窗口的作用，从那里吹来不同的风尚，包括文化、书籍和世界观性质的在内。它在蒙古入侵以前曾是基辅的竞争对手，在随后的几个世纪成为莫斯科的竞争对手，在 1478 年屈服。但在以后的时期在它身上仍留有自由和接近西方的精神、为过去的骄傲之情以及对自己古老性的意识。城中保留着现代俄国境内最古老的一座 11 世纪中期的神的智慧索菲亚（大）教堂，索菲亚对书籍、艺术、建筑和哲学思想的影响在这里表现得比任何地方都更加鲜明。

弗拉基米尔、梁赞和特维尔公国沦为金帐汗国的附庸，处境尤其艰难。如果说南部和西部罗斯在屈服地位的艰难困苦下在历史的天平上摆向欧洲一方，东北部罗斯则摆向亚洲一方，先与金帐汗国交战，后在其解体后与喀山、阿斯特拉罕和西伯利亚汗国交战，与克里木汗国交战尤其久。为了对抗东方类型的强硬军事政治组织，需要建立起超过竞争对手的更强大的中央集权国家。莫斯科罗斯鉴于封建割据和受外族统治的沉痛经验，磨练出国家强大与政治、文化和宗教统一的拯救理念，逐渐变为延伸至太平洋岸边的多民族欧亚大国。

从东方来的不仅是烧杀抢掠，还建立了暴君统治。古罗斯位于亚洲到欧洲大草原之路的边缘，早在蒙古入侵以前就与游牧民族，如波洛伏齐人有所接触。安德烈·博戈柳布斯基、伊戈尔·斯维亚托斯拉维奇和亚历山大·涅夫斯基的部分波洛伏齐人血统的事实尤其见证了这一点。东方的影响在蒙古入侵以后增强了。这当中也有积极的因素，因为蒙古人征服了许多最古老的文明国家，它们的文化成就随着时间来到罗斯，表现在语言、日常生活、艺术和建筑中。只要回想一下我国的金顶教堂就足够了，它们是多么地类似东方的神庙，又多么地不同于西方的罗马和哥特式建筑。

由于东方入侵而被削弱的罗斯同时遭受来自西方的打击。在这种复杂的局势下有勇有谋的统治者脱颖而出，巧妙地捍卫国家的民族利益。他们中占第一位的是赫赫有名的统帅、高明的外交家和巧妙的政治家亚历山大·涅夫斯基。在结合战事记与圣徒传作品特点的大公传记中讲述了他的生平和功业。[①]

传记开头几行开宗明义地引用《旧约》最有哲学色彩的书之一——《箴言书》里的话："但正如箴言家所言：智慧不入诡诈者之心。"[②] 贤明的古犹太统治者所罗门——《箴言书》作者（他因此被称为箴言家）的这句话为接下来的叙事定下崇高、庄重和严肃的调子。智慧不入诡诈者之心的深刻思想与普希金的悲剧《莫扎特和沙莱里》中的诗句相呼应，其中断言，"天才与恶行互不相容"。找得到不少对这一说法的怀疑论者，他们能举出完全相反的例子。但我们斗胆断言，创造生命的哲学——创造而不是毁灭灵魂——与有思想的人的道德情操密不可分地联系在一起。这个重要的概念方针形成于古罗斯文化中，并进入欧洲近代的祖国意识中，将不止一次经受稳定性的考验。

前面引的那句意味深长的话并非偶然地被放在传记开头，因为接下来古罗斯公被比作圣经中的所罗门王，后者当之无愧地列入先贤祠。亚历山大·涅夫斯基同样美貌可比约瑟，力量可比参孙，勇敢可比罗马统帅韦帕芗。对这种礼节性的公式不需要从字面上理解，而应该近似地解释。它对中世纪读者来说习以为常，在他意识里的一大套从前的伟大名字比现在的现代情报吸收器里的要多。古罗斯公也以他在涅瓦河会战前讲的一句话而出名，这句话成了为正义事业而斗争的斗士们的永远的座右铭："上帝不在兵多一方，而在公义一方。"[③] 它借鉴自诗篇文字，属于另一位古犹太哲人大卫王。通过与类似形象的类比，亚历山大·涅夫斯基融入一条鼓吹者梦寐以求的"哲学王"——集权力与智慧于一身的统治者的政治思想发展路线。

① B. 曼西卡：《亚历山大·涅夫斯基传记》（校本分析与文本），圣彼得堡 1913 年版。
② 《古罗斯文学作品：13 世纪》，莫斯科 1981 年版，第 426 页。
③ 同上书，第 429 页。

亚历山大·涅夫斯基的形象也许经过民间传说和书籍传统的理想化，深深地走入俄罗斯人的民族自我意识当中。与他联系在一起的不仅是在"残酷压迫"的困难时期捍卫祖国，而且是俄罗斯强国未来的形成、发展和巩固。他的儿子丹尼尔·亚历山德罗维奇是莫斯科公国的创始人，孙子"钱袋"伊凡·丹尼洛维奇强化了莫斯科作为罗斯大地中心的地位，后代子孙顿河的德米特里·伊凡诺维奇在库利科沃原野打了一场著名的胜仗。彼得一世并非偶然地把已封圣的大公遗骨迁至他建立的北方首都，成为圣彼得堡的保护神，并建了一座亚历山大·涅夫斯基大修道院。可以回想一下，有三位俄国皇帝都为纪念古罗斯公而命名。这一形象被保加利亚人所珍视，因为他们同样遭受过异族压迫，在1877—1878年俄土战争以后才获得独立，在20世纪就建成一座本国最宏伟的以正信大公命名的教堂，解放者亚历山大二世沙皇也取的他的名字。

他的名字在苏联时期敌人再次入侵俄国国土时也被需要。在谢尔盖·爱森斯坦的优秀影片中（谢尔盖·普罗科菲耶夫配乐），出色的演员之一尼古拉·切尔卡索夫塑造了亚历山大·涅夫斯基的光辉形象。在莫斯科共青团环线地铁站的祖国统帅马赛克画像中（对我国文化的古罗斯根源体会颇深的帕维尔·科林用手和才华所造），第一个表现的是赫赫有名的亚历山大公。他的名字在今天没有被忘记，尽管有时被不正确地使用在与尊奉他的崇高形象相距很远的目的上。

重要的是要强调，在祖国思想发展中的彼得以前时期，政治理念不是通过创作系统化的论著来加以表述，而是通过如智者雅罗斯拉夫、弗拉基米尔·莫诺马赫、亚历山大·涅夫斯基等理想统治者的形象，似乎用人格化的方式来进行阐述。有关他们的描写、写给他们的书信和讲述他们的行传，都毫不牵强地把积极的政治、道德和美学方针注入古罗斯人的意识当中。重要的是实际结果，而不是概念内容的体现和转换方式。在许多方面有益的发达的抽象理论思维成为欧洲近代的主导，但不总具有这种实际效果。除了与现实脱节外，它充斥着许多变形、歪曲和主观阐释，有时只对那些拿它来做写文章的特殊手段的人重要。

回到亚历山大·涅夫斯基的形象上来，应该说，它不仅建立在旧约典范的基础上。古代英雄、思想家和统帅的观念起了很大作用，这些观念也和圣经人物的名字一样，经拜占庭媒介传入。无往不胜的战将亚历山大·涅夫斯基的形象被联想起伟大的统治者、军事将领马其顿的亚历山大的形象。下面的17世纪手稿中的大公生平记事见证了这一点："我们的大公聪敏宽厚，英勇过人，一如与他同名的马其顿的亚历山大王……"[①]古代的这位伟人的名字已经通过几种史料为古罗斯读者所知，首先是根据从希腊语翻译过来的《亚历山大传》。在未来的"世界君主"的生平传记中讲述他学习各门功课的情况，都由最好的培养者来讲授，教他"修辞"这门课的是"亚里士多德哲学家"。伟大的斯塔吉拉人培养出同样伟大的民族领袖，不仅因其个人的聪明勇敢，也靠丰富扎实的知识取得辉煌的成就。两个光荣的名字组成的这对关联词将走入古罗斯传统。例如，希腊人马克西姆在给不久前登基的伊凡雷帝的书信中，将要指出马其顿的亚历山大是"伟大和光荣的王"，著名的亚里士多德的门生。[②]

在中世纪十分流行的《亚历山大传》有意思之处还在于，其中有一些关于印度教哲人——裸身智者的重要材料，他们在古罗斯史料中被称为"罗门"（出自"婆罗门"——婆罗门教祭司和吠陀哲

---

① H.И. 谢列布良斯基：《古罗斯大公传》，莫斯科1915年版，附录，第121页。

② 希腊人马克西姆著作集。俄罗斯国立图书馆16世纪中期手稿。256号全宗，鲁缅采夫，№264，第18张。

学的代表）。[1] 在西方哲学传统中培养出来的亚历山大与生活在大自然怀抱中的苦修者"赤身哲人"的对话很有代表性。他们责备他谋求统治世界，他却反驳他们说，这就是他的命运，因为一切"都按天意而定"。在这段文字中还包含"罗门"对伊壁鸠鲁派、斯多亚派和逍遥派的斥责。在罗斯化的版本中东方哲人的首领丹达姆被称为"住持"，他的志同道合者则被描述为僧众。

在这篇著作和伪经《佐西马访罗门记》中描写远居于东方的善男信女。在罗斯通过《白尔拉木和约沙法记》了解到古印度的智慧。这部十分流行的作品是佛教创始人乔达摩王子的基督教化版本。也有其他一些史料把东方智慧的理念、形象和名字传到古罗斯读者那里，从中表现出东方对祖国文化影响的积极意义。

罗斯文化在 14 世纪末和 15 世纪的繁荣不仅与国家的经济和政治发展、民族抵抗的增强和获得胜利的库利科沃会战有关，而且与一系列研究者指出的这一时期"南方斯拉夫的二度影响"有关，这种影响表现在文学、语言、绘画和思维上。[2] Д.С.利哈乔夫把这种影响同静修主义和前文艺复兴元素向俄国本土的渗透联系起来，二者产生出新的世界观，增强了对人的个体性和创造心理的兴趣，刺激了单独个人和整个社会关系的完善。拜占庭的影响与南方斯拉夫的影响一道对罗斯起作用。希腊人、塞尔维亚人和保加利亚人在俄国寻找新的故土，尤其是在 15 世纪中期巴尔干被征服和拜占庭帝国被土耳其占领者毁灭后。研究者也指出俄国国家体制和文化对巴尔

第三章　莫斯科罗斯时期的怀智慧者

---

① B.K. 绍欣：《婆罗门》，见 M.T. 斯捷潘尼扬茨责编：《印度哲学（百科词典）》，莫斯科 2009 年版，第 155—157 页。

② Д.С. 利哈乔夫：《南方斯拉夫在俄国二度影响的若干研究课题》，见 Д.С. 利哈乔夫：《古罗斯文学研究》，列宁格勒 1986 年版，第 7—56 页；Г.М. 普罗霍罗夫：《14—15 世纪的罗斯文化积累》，见 Г.М. 普罗霍罗夫：《曾经不是民族，而今却是神的子民……古罗斯作为文化史现象》，第 194—204 页。

干民族生活的反作用 [①]，这种作用在以前就开始，延续至我们讨论的时期，在 17 世纪和随后几个世纪中明显增强，并最终带来它们的民族复兴。

静修主义对 14—15 世纪罗斯文化和思想的影响在哲学层面上最富趣味。**静修主义**（源自希腊语 ἡσυχια——宁静、静默）在广义上被理解为一种借助于一定的冥想方式而达到内心精神集中的苦修学说，由 4—7 世纪的早期基督教隐居者（埃及的马卡里、天梯约翰等人）制定。静修主义在更为狭窄的意义上被阐释为 14 世纪在阿封山上出现的、理论方面主要由格列高利·帕拉马制定的关于"他泊之光"的宗教哲学学说。为表示后者有时使用术语**帕拉马主义**。[②]

静修主义的权威专家之一、美国研究者 И. 梅延多夫在对这一精神流派的不同阐释的论战中更加仔细地规定了术语的意义。他划分出静修主义的四种含义，分别为：（1）早期的基督教隐居者本着伊瓦格里乌斯·庞帝古斯精神的个人隐居理想；（2）不断念诵耶稣祷告的一种身心冥想方式；（3）帕拉马在与卡拉布里亚的瓦尔拉姆论战中制定出的神学哲学概念体系；（4）所谓的"政治静修主义"即拜占庭活动家所推行并在斯拉夫国家广泛传播的社会和文化纲领。这四种理解密切相关，容许"各种各样的实践表达，从仿照古埃及的隐居者并按照伊瓦格里乌斯·庞帝古斯和埃及的马卡里的教导完全避世，到积极的神学论战著文和颇有影响的干预社会和国际事

---

① M.H. 斯佩兰斯基：《俄国与南方斯拉夫文学相互关系史浅谈》，见《科学院俄罗斯语言文学部通报》，第 26 卷，1921（1923）年，第 143—206 页。

② V.Lossky, *Theologie Mystique de L'eglise D'orient*, Paris, 1960; I.Meyendorff , *Byzantine Hesychasm: Historical, Theological and Social Problems*, L., 1974; С.С. 霍鲁日：《静修主义》，见《新哲学百科词典》，第 2 卷，莫斯科 2001 年版，第 157—158 页。

务"。① 这位作者还在广阔的文化史背景下探讨静修主义，尤其把它与印度的瑜伽进行比较。②

彼得堡的研究者 Г.М. 普罗霍罗夫在一系列出版物中探讨静修主义对罗斯文化的重要意义。静修派理念最初开始渗透到俄国本土是在罗斯化的希腊人、全罗斯都主教费奥格诺斯特在任时（1328—1353 年）。这些理念表现在"思想的天堂"学说和新实行的正教颂里，其中六点新的内容"简要地表述了静修派所有主要的哲学神学观点"。③ 静修主义实践与拉多涅日的成德者谢尔吉及其沉默派弟子的活动紧密地联系在一起。这一时期罗斯的哲学思想被作者理解为对基督教东欧统一的哲学体系的"俄国评鉴"。静修主义的影响广度既表现在哲学神学作品（亚略巴古的狄奥尼修斯、新神学家西梅翁和天梯约翰的著作，隐居者菲利普的《宝鉴》等）的传播上，也表现在"智慧祷告"和"智慧修行"的修道实践中，还表现在艺术创作的繁荣上。④ 要指出的是，静修主义的哲学角度被一系列哲学家探讨，尤其是 А.Ф. 洛谢夫。⑤ 对与静修主义对立的流派也作出分析。⑥

与亚略巴古的狄奥尼修斯的名字联系在一起的著作集在罗斯传播，对形成新的关于世界和人的观念具有重要意义。1371 年塞尔维亚僧侣以赛亚完成了把托在亚略巴古的狄奥尼修斯名下的汇集（以及认信者马克西姆的注解）翻译成斯拉夫语的工作，并自己写了一

① И.Ф. 梅延多夫：《拜占庭静修主义及其在 14 世纪东欧文化和历史发展中的作用》，见《古罗斯文学部学报》，第 29 卷，第 295 页。
② I.Meyendorff, *Introduction a L'etude de Gregoire Palamas*, Paris, 1959.
③ Ф. И. 乌斯宾斯基：《正教颂》，敖德萨 1893 年版。
④ Г.М. 普罗霍罗夫：《古罗斯文学中托在亚略巴古的狄奥尼修斯名下的汇集》，见《古罗斯文学部学报》，第 31 卷，列宁格勒 1976 年版，第 351—361 页。
⑤ А.Ф. 洛谢夫：《古代象征主义和神话学概论》，莫斯科 1930 年版。
⑥ И.П. 梅德韦杰夫：《14—15 世纪的拜占庭人文主义》，列宁格勒 1976 年版。

篇序言。① 这部成为整个欧洲中世纪基本哲学神学史料之一的奠基性作品保留下来几个抄本。其中之一由都主教基普里安亲笔抄写②，而在 14—19 世纪总共有 60 多个抄本。③ 以下情况见证了对亚略巴古人著作的兴趣：莫斯科神迹修道院僧人叶菲米在 1675 年重新翻译了他的汇集（这个译本保存在国家历史博物馆），而在 1787 年出版了亚略巴古人两本书的第三个斯拉夫语译本。上面所说的汇集包括《论天阶》《论神的名》《论教阶》《论神秘神学》以及 10 封给不同人的书信。④

亚略巴古的狄奥尼修斯的著作集也与智慧索菲亚的主题、与用中世纪绘画手段表现出来的她的形象有关。Г.М. 普罗霍罗夫发表了按 14 世纪中期塞尔维亚手稿（俄罗斯国家图书馆，А.Ф. 吉耳费尔丁格收藏品，№ 46）的狄奥尼修斯给提特主教的论形象精义的书信，并给出对应的俄语译文。⑤

静修主义赋予古罗斯艺术以哲学深度。⑥ 这在安德烈·鲁布廖夫（约 1360—1430 年）的创作中尤为明显。在有关俄国天才画家的大量研究中曾试图揭示鲁布廖夫的思想与拉多涅日的谢尔吉的思想遗产、与发达的希腊美学的影响以及与对古罗斯圣像画诗学的细腻分

---

① 《亚略巴古的狄奥尼修斯著作集》（认信者马克西姆详解），圣彼得堡 2002 年版。
② 俄罗斯国立图书馆 14 世纪末—15 世纪初手稿。莫斯科神学院全宗（173 号全宗），
　№144。
③ Г.М. 普罗霍罗夫：《斯拉夫手稿传统中的亚略巴古的狄奥尼修斯著作集》，见《罗斯和亚美尼亚中世纪文学》，列宁格勒 1982 年版，第 80—94 页。
④ И. 斯米尔诺夫：《与亚略巴古的圣狄奥尼修斯的名字相关著作集的罗斯出版物》，见《正教评论》，莫斯科 1872 年版。
⑤ Г.М. 普罗霍罗夫：《斯拉夫语译本的亚略巴古的狄奥尼修斯给提特主教的信和圣像画〈智慧建造房屋〉》，见《古罗斯文学部学报》，第 38 卷，列宁格勒 1985 年版，第 7—41 页。
⑥ И.К. 戈列伊佐夫斯基：《静修主义与罗斯 14—15 世纪绘画》，见《拜占庭年鉴》，第 29 卷，莫斯科 1968 年版。

析的关系。^① B.A.普卢金有一本分析安德烈·鲁布廖夫作品的哲学世界观内容的研究专著。^②

安德烈·鲁布廖夫和他的前辈希腊人费奥凡一样，不仅是圣像画家，而且是用艺术形式表达深刻的哲学理念的杰出思想家，他不是平白无故地被认为是"智慧远远超过所有人"。鲁布廖夫对世界三一性的阐释对思维史的重要性不亚于黑格尔的三段式或康德的三分法。在莫斯科克里姆林宫报喜大教堂圣像壁里的他的圣像画《主显圣容》中，传统的题材被充实进新的内容。构图下方的使徒形象被表现为"沉思和专注的摸样，似乎正在直视自己身体里的光"，他泊之光穿透整个画面，不是精神与物质的剧烈反差，而是表现出有形身体、天与地和谐的光亮形象。^③ 奇异事件的看得见的现实性表现在同一排的另一幅圣像画《拉撒路的复活》中；对生命与死亡、永恒与暂时、复活与拯救的哲学思考贯串着鲁布廖夫对圣经题材的解释。^④

鲁布廖夫对《进耶路撒冷》《下临地狱》《最后的晚餐》等传统题材的主题的思考同样具有哲学色彩。宏大的圣像壁、湿壁彩绘上的整体构图创造出一幅用中世纪绘画手段刻画出来的宏伟的看世界图景。"鲁布廖夫所创造的弗拉基米尔城圣母安息大教堂圣像壁汇集了他所处时代的政治哲学思想成就，并揭开了圣像壁历史上的新篇章。"^⑤ 多层的高大圣像壁是罗斯本有文化的产物，有其复杂的历史，在这一过程中形成了圣像壁的固定构图，由三层、五层或更多层组

---

① M.B.阿尔帕托夫主编：《安德烈·鲁布廖夫及其时代》，莫斯科1971年版。

② B.A.普卢金：《安德烈·鲁布廖夫的世界观（若干问题）——作为历史材料的古罗斯绘画》，莫斯科1974年版。

③ 同上书，第58—59页。

④ L. Ouspensky, V. Lossky, *The Meaning of Icons*, Boston, 1952, pp.177-180.

⑤ B.A.普卢金：《安德烈·鲁布廖夫的世界观》，第127页。

成，每层都反映出世界史的一个阶段，从始祖、先知开始，到地方层为止。要指出的是，古罗斯绘画还很少被作为哲学史料研究，尽管它在古罗斯文化中占突出位置，"圣像画家应通过使用权宜之法，找到用艺术手段直接传达哲学的方式"。①

静修主义深深地走入罗斯文化传统。将静修主义理论用到苦修生活实践的头号思想家是索拉的尼尔（约 1433—1508 年），俗名尼古拉·马伊科夫。② 他出身于莫斯科的官职家庭，很早就在罗斯北方的基里尔白湖修道院剃度出家，该修道院以严格的教规和藏书丰富而著称，修道院的创始人本人、著名的文化人士白湖的基里尔（1337—1427 年）为藏书打下开端。尼尔在正教的东方待过几年，到过巴勒斯坦、君士坦丁堡和阿封山，在那里了解到静修派学说。他返回后在基里尔白湖修道院附近的索拉河畔建了一座隐庐，成为与约瑟夫派就修道院地产问题进行论战的绝财派的精神领袖。作为绝财派的思想家，他认为僧人应该靠自己的劳动为生，他们的主要功课是精神上的自我完善，追求道德上的纯洁和深刻认识人的心理奥秘，以便研究心理控制的可能性。索拉的尼尔对罗斯 15—16 世纪的精神文化有很大影响，被封为圣人。瓦西安·帕特里克耶夫、马特韦·巴什金、斜眼人费奥多西、安德烈·库尔布斯基和其他许多人都尊他为明智的生活导师和认识个人方面的很高的权威。弗拉基米尔·索洛维约夫认为，尼尔把"个人的意义"提到"首位"。③ 他像西奈的尼尔一样走入在罗斯受人尊敬的一代苦修哲人。

革命前的研究者 A.C. 阿尔汉格尔斯基认为，索拉的尼尔是 12

① Б.В. 劳申巴赫：《圣像画是传达哲学观念的手段》，莫斯科 1985 年版，第 325 页。
② G.A.Maloney, *Russian Hesichasm The Spirituality of Nil Sorskij*, Paris, 1973.
③ В. 索洛维约夫：《罗斯宗教期刊新闻》，载《云游者》，1877 年第 10 期，第 74—75 页。

篇著作和 5 个断篇的作者。^① 这种意见引起 M.C. 博罗夫科娃 - 马伊科娃、Я.C. 卢里耶、Г.М. 普罗霍罗夫和其他专家的争议。现在无可争议地认为属于尼尔的作品有：修道院《教规》《真传》《遗嘱》三封分别写给瓦西安·帕特里克耶夫、古里·图申和格尔曼·波多尔内的书信和一系列断章。一些托在尼尔名下的著作也许是他从希腊语翻译过来的译著。^② Г.М. 普罗霍罗夫按 16 世纪初一些抄本划分出索拉的尼尔著作的最初核心，这个核心很可能是修行者生前自己所拟。^③

索拉的尼尔最大的和最有内容的创作是《教规》，有时称大教规，以区别于真传，或小教规。^④ 这是一份最重要的祖国哲学、伦理学和心理学思想的史料。^⑤ 它的开篇是一篇序言《教父所著思想修行，为什么要这样做以及该怎样用心》，思想家在其中引用受人尊敬的权威（叙利亚的伊萨克、新神学家西梅翁、西奈的格列高利等人）"用各种谈话"所作的关于"心灵修行、思想持守和智慧守护"的思考。序言的主要思想是——"恶念从心中生起并把人玷污"，因此与恶斗争需要从洁净自己的意识开始："学会洁净心灵的器皿。"不可见的"思想斗争"摇撼人的整个根本，需要努力守护智慧如同"心灵之目"，经常地处于"用智慧"和"精神思考"中。外表的行为，

---

① A.C. 阿尔汉格尔斯基：《索拉的尼尔和瓦西安·帕特里克耶夫》（其在古罗斯的著述和思想），第 1 部；《成德者索拉的尼尔》，见《古代文献和艺术作品》，第 25 卷，第 1 册，第 16 期，圣彼得堡 1882 年版。

② M.C. 博罗夫科娃 - 马伊科娃：《关于索拉的尼尔的著述活动》，见《古代文献和艺术作品》，第 127 卷，圣彼得堡 1911 年版。

③ Г.М. 普罗霍罗夫：《索拉的尼尔的书信》，见《古罗斯文学部学报》，第 29 卷，第 125—143 页（引用 4 封信的内容）。

④ M.C. 博罗夫科娃 - 马伊科娃：《索拉的尼尔的〈真传〉和〈教规〉》，见《古代文献和艺术作品》，第 129 卷，圣彼得堡 1912 年版。

⑤ M.B. 索科洛夫：《俄国 11—18 世纪心理学观点史纲》，莫斯科 1963 年版，第 205—222 页。

或"身体修行"，是"叶子而已"，而内心的成就，或"智慧修行"，才是真正有果实的——"果实是也"。

序言之后是列有十一章正文标题的"回目"。第一章的标题是："论思想斗争在我们身上的殊异、胜负以及用心对抗欲望"。其中对在人心里产生欲望作了细致的心理学分析。索拉的尼尔划分出形成欲望的五个阶段："引子"——这是在心里产生的最初印象，与人的愿望无关，如同"发光的形象映在心里，并且过了脑子"；它在伦理上是中立的，因为"没有过错，不受褒贬"。第二阶段——"相合"，在这个层次上对该形象、思想和感情产生关切；这是"动了念头"，其中在思想上的"搭讪"已经取决于人的意志，它"不无过错"。第三个阶段称为"叠加"，它是愿望、迷恋和眷眷之情的开端——"心灵陶醉于动过的念头或形象"。第四阶段是"俘获"，向闯进意识里的形象屈服，"理智将被念头俘获"。如果"俘获"从暂时的和偶然的变成经常的和吞噬一切的，变得与人的本性不可分离，那么就到了最后的阶段——"欲望"，"永远地被它抓住"，"不管愿不愿意，在思想上都被它打败"。

索拉的尼尔援引耶路撒冷的伊西赫，针对修道实践指出四种对抗欲望的方法：（1）"慎起"（在开始的阶段上斩断）；（2）"沉心，绝念，祷告"（全神贯注，不受外界影响）；（3）"求主耶稣基督帮助"（反复念保护祷告，尤其是耶稣祷告）；（4）"念及死"（对尘世存在易逝的思考）。他根据静修派的冥想给出建议（用现在的话说是心理疗法）："吸气""默想""呼气"。此外还加上传统的苦修指南："谁想要强身健体，就该用斋戒、守夜祷告和艰苦的修行使身体劳累，还应该跪拜和干体力活儿"，因为无所事事和饱食终日是许多恶习的根源。

索拉的尼尔在第五章探讨了西奈的尼尔关于坏的欲望产生八宗

恶习的学说：贪吃、好色、恋财、愤怒、哀怨、愁苦、虚荣、自负。八宗产生恶习的欲望要用八种美德来对抗：斋戒、贞洁、绝财、仁慈、信仰、忍耐、朴素、谦卑。西奈人《论八念》的著作在罗斯非常流行。

索拉的尼尔也求助于异教智慧的权威。他在第八章援引叙利亚的伊萨克写道，不仅教父的真传，就连"教外智慧之规"（世俗哲学家的法规）也提醒我们尘世存在转瞬即逝。他在结尾的第十一章用大巴西尔的话劝诫从哲学上考验各种原因的作用，否则善可能变成恶，倘若没有时间和分寸感地利用它："智为行先，智付阙如，失时失宜，善即是恶"。

A.C.阿尔汉格尔斯基指出："索拉的尼尔出家意图的目标不是禁绝肉欲，而是内心和道德的自我完善；修道修行的土壤不是出家人的身体，而是他的思想和心灵。"[①] 索拉的尼尔很高的思想水平可以用他了解教父学作品来解释。教规第五章接近于4—5世纪高卢修道团体创始人、罗马人约翰·加西安的著作《隐修制度》（*De coenobiorum Institutes*）。欲望的五阶段说取自天梯约翰的作品《天梯》（*Κλῖμαξ*），在那里探讨了在人心里燃起炽情的六个阶段（漏掉一个阶段——斗争（*πάλη*））。

在接近出自索拉的尼尔笔下的作品中有一个断章，含有十分典型的修道文学题材。我们不讨论把它定给俄国作者的真实性问题（M.C.博罗夫科娃-马伊科娃认为如此），而是引用一段文字，作为治愈罪过的草药的中古哲学寓言的鲜明典范。"从长老那里听来。有个僧人去问医生说：你有没有能医治罪过的草药。医生回答说：有，你去取来顺从的根、忍耐的叶和只做善事的花，在静默的

---

① A.C. 阿尔汉格尔斯基：《索拉的尼尔和瓦西安·帕特里克耶夫》，第 129 页。

锅中捣碎，用思虑的筛子罗过，把谦卑撒在罐子里，倒入祷告的泪水，用属神的爱之火煎煮，盖上怜悯的盖子；药煎好后，用兄弟之爱冷却，以忏悔之勺服下，你的病就好了。"[①] 修道实践也提供了这种"医治心灵的草药"。

同时代人对索拉的尼尔如同对公认的权威一样。他为被迫剃度的瓦西安·帕特里克耶夫鼓气："高兴起来吧，盼望那最高称呼的荣誉，在父的天国里修行者受怜爱。"他在给古里·图申的信里劝诫收信人"在精神上用智慧"，认真对待所读的书籍，因为不是所有的书都正确。尼尔像兄弟一样真诚地安慰和点化亲近他的出家人格尔曼·波多尔内："为了这个才对你说修行的话，劝你向善就像劝自己的心：我怎样用心去做，也告诉你怎样做。"[②]

《索拉的尼尔隐庐记》见证了修行者死后的"智慧修行"传统，它被收入思想家著作和斋堂文学作品集。在这篇作者不详的作品里描写了索拉的尼尔所创建的隐庐里的生活：严格封闭，斋房隐于林中，只接收识字的见习修士接受后面的考验。在给创始人的赞词中强调，他丝毫不逊于从前的伟大修行者，包括在"精神智慧"和"文辞智慧"上。还引用了一些传记材料和修行者被葬在隐庐先驱约翰教堂旁的情况。[③]

索拉的尼尔的创作遗产引起国内外研究者的兴趣。德国的斯拉夫学家 F. 冯·利林菲尔德尤其为俄国思想家撰写了博士学位论文，

---

① M.C. 博罗夫科娃 - 马伊科娃：《关于索拉的尼尔的著述活动》，第 10 页。按 18 世纪手稿，古代文献爱好者协会№ 7(390)。
② Г.M. 普罗霍罗夫：《索拉的尼尔的书信》，第 137、140、142 页。
③ E.B. 罗曼年科：《索拉的尼尔与罗斯修道传统》，莫斯科 2003 年版。

后来以专著形式发表，并写有一系列文章。[1]

16 世纪（应为 14 世纪。——译者注）中期以前在保加利亚完成了将 11 世纪拜占庭著作家、隐居者菲利普的《宝鉴》翻译成斯拉夫语的工作。[2]这部作品呈现为灵魂与身体的对话，在希腊语原作中用诗歌阐述，在逐字逐句的斯拉夫语译本中用散文表达。[3]在《宝鉴》中总结出人的独特的哲学人学理念，引起静修派团体对它的兴趣，显然也是在他们中被翻译成斯拉夫语。奥地利专家 H. 米克拉斯在他的学位论文中列出《宝鉴》超过 50 个希腊语抄本和 160 多个斯拉夫语抄本，大多是罗斯抄本，这说明这部作品十分流行。[4]可以大胆地说，组成古罗斯文学的任何一部翻译和原创著作，都没有像《宝鉴》给出那样多关于人的知识。[5]

《宝鉴》按结构由三篇序言（米海尔·普塞洛斯、康斯坦丁·伊韦斯特和作者本人各一篇）、出家人的哀歌（370 行诗）和灵魂与身体的对话组成，对话分为五个部分，每一部分都有 1000 多行诗。[6]在它的内容中除教父学理念外，还流露出基督教以前的作者的思想，其中表现出对人身上的身体本原的特殊平反，使得 M.B.别佐布拉

① F. von Lilienfeld, *Nil Sorskij und seine Schriften*, Berlin, 1963; Der Athonische Hesychasmus des 14. und 15. Jahrhunderts im Lichte der Zeitgenossischen Russischen Quellen, *Jarbücher für Geschichte Osteuropas*, Bd. 6, H.4, München, 1958; Ф. 利林菲尔德：《关于索拉的尼尔一些著作的文学体裁》，见《古罗斯文学部学报》，第 18 卷，第 80—98 页。

② X. 米克拉斯：《关于菲利普〈宝鉴〉的斯拉夫语译本问题》，见《古保加利亚文学》，第 2 卷，索非亚 1977 年版，第 169—181 页。

③ Г.M. 普罗霍罗夫：《隐居者菲利普〈宝鉴〉——"洞悉心灵的镜子"》，见《罗斯和格鲁吉亚中世纪文学》，列宁格勒 1979 年版，第 143—166 页。

④ H. Miklas, *Die Dioptra des Philippos Monotropos im Slawischen*, Graz, 1975.

⑤ 《隐居者菲利普〈宝鉴〉：正教中世纪人学百科词典》，Г.M. 普罗霍罗夫、X. 米克拉斯、A.Б. 比利久格整理出版，莫斯科 2008 年版。

⑥ V.Crumel, Remarques sur la Dioptra de Philippe le Solitaire, *Byzantinische Zeitschrift*, Bd.44, 1951.

佐娃在这里看出可追溯至多神教哲学的唯物主义元素。[①] M. B. 索科洛夫指出这份文献的非正统性。[②]

我们来探讨一些包含在这份重要的哲学史料中的主要思想。作者的人中心论与圣经中关于创世的观念相一致："整个世界为灵魂所造，而不是灵魂为世界所造。"人作为创造的桂冠表现为精神和身体的和谐组合——"人的本然是某种神性之物"。只有在人身上呈现出精神本原，这一方面使他高出一切受造物，另一方面则使他的实质和存在变成双重的、二元的和矛盾的："只有人由两种本质组成……身体来自地下，灵魂来自天上。"由此产生出灵魂与身体的"辩论""辩驳""争斗"。为了保持人的本然的平衡，它们作为构成矛盾统一体的两种对立本原，应进行经常的对话。

在这段对话中包含许多极有意思的思想。例如，关于理智在什么地方的思想。身体讲道："有智慧的亚里士多德和希波克拉底都说，理智在心中。盖伦却不同意，说理智在头脑中。尼撒的格列高利不同意他们所说，另作了一番教导说，无形体之物无法描述：不能用空间描述无形的本质，理智不囿于身体的哪一部位，但它游走于全身，在身体的各个健康器官和各个身体部位起作用。"在这里呈现出观念的多样化：亚里士多德和希波克拉底认为心是理智的居所，盖伦则认为是脑，引得最详细的尼撒的格列高利却说，无法有形地描述无形的和通过人的各个器官表现其作用之物。

《宝鉴》中包含不少涉及古典的原质说的议论。在第五篇对话中谈到有四种"质"构成世界（宏观宇宙）和人（微观宇宙）。在一些

---

① M.B. 别佐布拉佐娃：《评〈宝鉴〉》，载《国民教育部杂志》，1893 年第 11 期，第 27—47 页。

② M.B. 索科洛夫：《古罗斯的心理学观点》，见《俄国心理学史论文集》，莫斯科 1957 年版，第 43—69 页。

手稿中引用了元素和原质（干、湿、热、冷）关系图，图上是一个被分成四份的圆，写着原质及其组合物的名称。[①]

在15世纪出现了罗斯校本的世界文学流行作品之一——公元前4世纪（应为公元4世纪。——译者注）在印度出现的得名为《五卷书》（*Панчатантра*）的动物寓言集。[②] 这部作品的阿拉伯语译本名为《卡利拉和丁纳》[③]，从这个译本产生出希腊语和拉丁语两个欧洲版本，希腊语译本得名为《斯特法尼特和伊赫尼拉特》，拉丁语译本得名为《人的生活教导》。在13世纪完成了希腊文本的南方斯拉夫译本。[④] 三个最古老的罗斯抄本属于15世纪：正教院抄本、罗戈日抄本和圣三一抄本。[⑤]

这本书的内容是婆罗门哲人给阿马尔萨克蒂王讲的五个讽喻故事——寓言。这是一面特殊的"王公镜"——给统治者的明智教导。在罗斯抄本中写道："印度国王问他的一位哲学家：'我想让你用寓言向我表示，诡诈谄媚之徒怎样挑拨离间，把别人原有的爱和友情化为仇恨。'"第一卷讲的是被破坏的友情，第二卷讲的是忠实的友情，第三卷讲的是战争，第四卷讲的是奸诈行为，第五卷讲的是没有理智的行为。

正教院抄本尤其有意思，它包含姓名不详的俄国作者的许多插话。А.С.奥尔洛夫指出，"从这些话可以看出是'静默者'（静修

---

① 国家历史博物馆1388年手稿。神迹修道院，№15，第62张；利沃夫科学图书馆15世纪手稿。MB-418，第263张。

② 《五卷书》，А.Я.瑟尔金译自梵文并作注释，莫斯科1958年版。

③ 《卡利拉和丁纳》，Ю.Ю.克拉奇科夫斯基和 И.П.库兹明译自阿拉伯语，莫斯科1957年第2版。

④ L.-O. Sjoberg, *Stephanites und Ichnelates*, Uppsala, 1962, s.113.

⑤ Я.С.卢里耶：《罗斯15世纪文学中的〈斯特法尼特和伊赫尼拉特〉》，见《斯特法尼特和伊赫尼拉特：按15—17世纪罗斯手稿的中古寓言书》，列宁格勒1969年版（引用三个罗斯抄本和一个译成俄语的希腊抄本）。

派）出家学派苦修者的手笔，索拉的尼尔是该派 15—16 世纪在罗斯的代表"。[①] Я.C. 卢里耶在这里察觉出约瑟夫·沃洛茨基或其支持者的手笔。无论如何，对封建时期的社会和哲学思想史家来说，罗斯对翻译文本所作的加工都富有不小的趣味，它再一次提醒我们中世纪对翻译文学的创作方式。

我们按 15 世纪的正教院抄本引几处俄国作者的插语（在页边上标有"或云"）。以下是关于爱财的害处的例子："就像虫蚁啃咬树木，它啃噬的是心灵。倘若积累起财富，却不妥善保管，需要时也不拿出来，这样的富人理应被视为穷人，是一切祸事的根源。"作者就吃得肥肥的牛犊富有警示地指出："瞧，僧人们，可别吃成这样。"关于对善事的不公正评价："大美在愚人眼中是小德。"关于不断沿美德之路上升："就像爬梯子从低到高，美德的山峰也自下而上。"这些话很好地补充了正文的大量警句。

《斯特法尼特和伊赫尼拉特》在以后的时间里经过更大的改动。大量格言掩盖了主题线索，使这部作品看起来像由一系列寓言组成的训喻作品。18 世纪的旧礼仪派中的编者对正文作了重新编排，赋予其新的结构：动物寓言被放在末尾，主要部分则变成一部哲学寓言集。[②] O.П. 利哈乔娃得以确定两位编者中的一位是维格河作家——旧礼仪派马努伊尔·彼得罗夫（1691—1758 年）。

在这个文本中注入一些特殊的重点，对寓言含义的理解略有出入，加入一些旧礼仪派生活的掌故。于是出现了这部作品的另一种校本。这个抄本的结尾是一个有趣的人学情景——《人的肚腹的寓

① A.C. 奥尔洛夫：《12—17 世纪封建罗斯和莫斯科国家的翻译叙事作品》，列宁格勒 1934 年版，第 65 页。

② O.П. 利哈乔娃：《特殊校本的古罗斯叙事作品〈斯特法尼特和伊赫尼拉特〉》，见《古罗斯手稿遗产》（按普希金之家资料），列宁格勒 1972 年版，第 144—173 页（所引文字按 17—19 世纪手稿汇编，齐利马河口收藏品，№ 170）。

言》，在寓言中人体的各个器官完成有益的功能（舌头表述思想，耳朵听说话，手干活儿，脚承担身体），它们起先生肚子的气，它什么也不做、只管吃食物，后来得出肚子有益的结论，因为没有它的营养各个器官都没有力气，"不能做事也不能动"。由此得出社会结论："富人的财产也对穷人有益"，也就是说，由社会上的一部分人积累起来的财富对所有人包括对穷人有益，尤其是在困难年景。

"辩驳""辩论""对谈"等对话体在中世纪读物中十分典型。它反映出的探索、问询和追求认识真理的思想的反教条性。在这方面有代表性的是翻译作品《生与死之辩》的创作史，以对话体讲述生与死永恒的哲学争论。[①]

15 世纪末，住在吕贝克的印刷匠巴托罗缪·戈坦来到诺夫哥罗德，并带来一本德文版的在欧洲十分流行的著作《人与死对话》（*Dialogus Mortis cum Homine*）。[②] 这部作品反映出临近 1492 年（从"创世"起第 7000 年）末世的世界末日情绪。等待着世界末日，新的全世界的洪水，未知的恐怖事件。生与死的主题被大声呼喊，包括在罗斯。于是就为聆听两种对立的世界本原的哲学对话准备了土壤。对话在 15 世纪末被翻译过来，后来以各种名称在罗斯场景中广泛传播。现在知道这部作品的八种校本的超过 130 个抄本，直到 19 世纪以前都在被转抄和补充。革命前的研究者就曾指出它的讽喻世界观性质。[③]

作品的第一个校本有详细的名称：《死对所有人来说都非常可怕。亚里士多德伦理学卷三。生与死对话，或生与死之辩》。正文的结尾

① Р.П.德米特里耶娃研究并整理：《生与死争论记》，列宁格勒 1964 年版（以下引用）。
② H.Raab, Zu Einigen Niederdeutschen Quellen des Altrussischen Schrifttums, *ZS*, Bd. Ⅲ ,H.2-4, Berlin, 1958.
③ C.多布罗特沃尔斯基：《古罗斯宗教文献里的讽喻》，载《正教之友》，1864 年第 1 卷，第 375—415 页。

是奥古斯丁论人的自由灵魂的语录，这种人良心清白、不害怕最后审判："如果生是自由的，良心是清白的，就会没有恐惧地怡然等待死亡，欣然地接受死亡。"在晚期抄本中亚里士多德和奥古斯丁的名字不见了，他们的思想却改换形式保留下来。生命化作骄傲的骑士、死亡化作狰狞的野兽来参与对话。勇敢的骑士起初不害怕死神的镰刀，后来则陷入恐惧之中，最终在死亡的不动容面前了悟。这种独特的、在必死面前的"生存战栗"迫使他放弃以前对存在的轻率和自信态度。

最初的简要文本在后来开始罗斯化并有很大改观。"勇士"代替骑士出现，像壮士歌里的壮士那样驰骋在"旷野和高原"。代替被死神横扫的教皇、凯撒和枢机主教的是沙皇、大公、圣主教、富人和穷人——"各种年龄的男人和女人"。引入了圣经中的人物参孙、大卫和所罗门的身影，希腊统帅马其顿的亚历山大和圣阿基尔的形象——他们都难免一死。在一些校本中增加了按古罗斯哀歌传统书写的慷慨激昂的插话："我亲爱的兄弟们，死对我们来说是一场灾难：昨天我们的朋友还和我们一起欢宴，现在却孤零零地躺在坟墓里。他的美貌和智慧在哪里，他的荣耀和财富在哪里，他的快马在哪里，他的轻裘在哪里，他的瑟与箫齐鸣的宴饮和欢乐在哪里，啜饮蜜茶至夜半的欢乐在哪里呢？父母亲在哪里，兄弟姐妹在哪里，他的挚友在哪里呢？他的石头宫殿在哪里呢？什么都带不走，从家财中只带走一身装裹，躺在坟墓里，连它也会腐烂。"

姓名不详的俄国作者上升到深刻的哲学概括的高度，他在文中感叹道（按正教院校本）："人哪，瞧瞧自己身上的美：荣耀和财富在哪里，美貌和智慧在哪里，宴饮和欢乐在哪里呢？光着身子从娘胎里哭着来到世上，又哭着从这个悲惨的世上进坟墓：从头到尾都是哭。真奇怪啊，大家都一样地从黑暗到光明，再从光明到黑暗：

死收留一切，地狱腐蚀一切，坟墓掩盖一切——不管是富人还是穷人，老人还是小孩。"在这部作品的罗斯校本中包含许多类似的思想。

16 世纪中期在约瑟夫—沃洛科拉姆斯克修道院翻译的一部波兰语作品在类型上接近于我们所探讨的作品，并在其以后共同的历史中构成一组关于生与死争论主题的罗斯著作。[①] 波兰文本的罗斯校本名为《某大师或哲学家论死亡》。它在结尾收录了一组金口约翰、斐洛（取自《蜜蜂集》）和希腊哲学家克来塔卡斯的语录。最后一条语录是："灵魂好比统帅，身体好比士兵和各种活计，士兵服从统帅，而不是统帅服从士兵。哲人的灵魂紧靠上帝，死亡不能戕害灵魂，恶的生活却能够。"死亡并不可怕，可怕的是不道德的、没有目标和毫无用处的生活——这就是这组关于生与死争论的古罗斯著作的主题。在这个上下文中有意思的是"大师—哲学家"的形象，他作为生与死斗争的生存主题的解释者而出现。

巴托罗缪·戈坦在 15 世纪末来到诺夫哥罗德并非偶然。这一时期在诺夫哥罗德大主教根纳季（戈诺佐夫）——那一时期的祖国文化头号活动家之一——周围正在形成一个文学翻译小组，从西方邀请来专家。类似的举动的目的是摧毁异端邪说，创建斯拉夫语全译本圣经，这个译本在当时还没有完成。为此不得不进行一系列翻译，不仅从希腊语，而且从拉丁语、古希伯来语甚至从德语。[②] 创建斯拉夫语全本圣经是俄国文化生活中的重要事件，其意义不亚于路德在

---

① P.П. 德米特里耶娃：《16 世纪罗斯译本的 15 世纪波兰语著作〈波利卡普大师与死亡的谈话〉》，载《古罗斯文学部学报》，第 19 卷，莫斯科—列宁格勒 1963 年版，第 303—317 页。

② П.C. 库兹涅佐夫：《俄罗斯语言》，见《13—15 世纪罗斯文化概况》，第 2 卷，《宗教文化》，莫斯科 1970 年版，第 101 页。

16世纪初完成的德译本对德国文化史的作用。① 根纳季小组的参与者之一、多明我会僧人韦尼阿明是论战著作《食利者典汇》的作者，书中贯穿着所有基督徒平等的思想，这在教派林立的欧洲的宗教仇恨背景下是进步思想："我们是基督徒——希腊人、罗斯人和拉丁人，世纪将在他们中结束，他们降生在恩典的时代，靠灵的恩典重生，我们的公义远多于法利赛人和文士的公义……"②

　　在聚集在根纳季周围的活动家中有不少罗斯专家。德米特里·格拉西莫夫是其中最有才华的人之一，也是希腊人马克西姆未来的战友。他曾参加赴欧洲使团，懂希腊语、德语、意大利语并尤其精通拉丁语，使得他能在后来翻译多纳图斯有名的拉丁语语法书和维尔茨堡的布鲁诺的哲学神学奠基之作《详解诗篇》。③ 整体上可以说，俄国与西欧的交往变得越来越密切，尤其是在拜占庭倒台和巴尔干被土耳其人占领后。④

　　罗斯人的文化、历史和政治眼界在15世纪放宽，并且不仅望向西方，还望向东方。见证这一点的是与去各地旅行有关的被称为"游记"或"纪行"的作品。⑤ 在一组关于俄国赴费拉拉—佛罗伦萨公会议使团（目的是使天主教和正教会合并）的记事中，《佛罗伦萨

---

① М.И. 里日斯基：《俄国圣经翻译史》，新西伯利亚1978年版，第47—65页。

② Я.С. 卢里耶：《〈食利者典汇〉——未出版的俄国15世纪末政论文献》，见《古罗斯文学部学报》，第21卷，第140页。

③ Н.А. 卡扎科娃：《德米特里·格拉西莫夫与16世纪前三分之一的俄国和欧洲文化交往》，见《国际关系史问题》，列宁格勒1972年版，第248—266页。

④ А.И. 索博列夫斯基：《西方对莫斯科罗斯15—17世纪文学的影响》，圣彼得堡1899年版；М.Н. 季霍米罗夫：《国际道路上的中世纪俄国（14—15世纪）》，莫斯科1966年版；М.А. 阿尔帕托夫：《俄国历史思想与12—17世纪的西欧》，莫斯科1973年版；Н.А. 卡扎科娃：《15—16世纪罗斯文献里的西欧》，列宁格勒1980年版。

⑤ Н.И. 普罗科菲耶夫：《12—15世纪的罗斯游记》，见《古罗斯文学与18世纪》，莫斯科1970年版，第191—204页。

游记》是一份尤其重要的史料。^①该体裁最具原创性的著作应该说是阿法纳西·尼吉丁有名的《三海纪行》，文学作品丛书出版了它的学术版。^②

作品充满各种需要仔细分析的情报。我们把注意力放在文化史材料上。旅行家在巴库指出一片"燃烧不熄的火"（曾是琐罗亚斯德和其他崇拜中的圣地的天然气喷火地）。

他把异国的土地和当地的统治制度与罗斯相比较，一方面思念祖国和渴望回家，另一方面也承认在他的家乡有许多不公正："让罗斯大地安定下来吧，否则在那里很少有公正。"这个句子也不是用俄语写的。作者决意将叛逆思想瞒过那些不懂东方语言的可能的陷害者。在为罗斯大地祷告的末尾，阿法纳西用阿拉伯语、波斯语、俄语和突厥语呼喊"上帝"一词。

阿法纳西·尼吉丁的《纪行》不仅引起俄国读者的很大兴趣。它被翻译成一系列欧洲语言和印地语，研究它的有大量书目。阿法纳西早于瓦斯科·达伽马为欧洲人发现了印度，尽管他的发现不如葡萄牙航海家的探险那样反响巨大。他是单枪匹马的旅行家，死在克里木，没能走到莫斯科或特维尔，在那里他能详细讲述对印度和其他东方国家的见闻。他的命运所提示的是许多默默无闻的俄国人的命运，他们走各条道路到了遥远的东方国度，无影无踪地消失在其境内，死在那里或融化在大量当地民族中。这也是许多从罗斯被掳走的俘虏的悲惨结局，他们在卡法、杰尔宾特、布哈拉和其他活商品集散地的奴隶市场上被贩卖。

---

① H.A.卡扎科娃：《1437—1440 年佛罗伦萨游记（抄本和校本）》，见《古罗斯文学部学报》，第 30 卷，列宁格勒 1976 年版，第 73—94 页。

② Я.C.卢里耶和 Л.C.谢苗诺夫整理：《阿法纳西·尼吉丁〈三海纪行〉》，列宁格勒 1986 年版。

因此，罗斯 15 世纪发展的奠基性因素是摆脱金帐汗国的沉重
压迫和争取自由独立。这一时刻在获得胜利的库利科沃会战一百年
后到来了。1480 年发生了所谓的"乌格拉河对峙"，标志着侵略者
两个多世纪的统治结束。两支庞大的军队在奥卡河支流乌格拉河
两岸排兵布阵，对峙了一个多月。统率金帐汗国军队的阿赫马特汗
败下阵来，掉头向后并很快被打死。这意味着金帐汗国在罗斯面前
示弱。尽管游牧民族在很长一段时间还在袭扰俄国，向克里木汗进
贡也一直存到 18 世纪，"乌格拉河对峙"继"顿河彼岸之战"后
总归标志着俄罗斯国家独立发展的新阶段，它在伊凡三世在位期间
（1462—1505 年）开始变得强大。

在收入印坊编年史的《乌格拉河对峙记》中鲜明地描写了那些
紧张日子所发生的事件。[①] 这篇记述以火热的号召结尾："英勇的罗
斯子弟啊！奋力保卫祖国——罗斯大地免受异族入侵，不要吝惜自
己的头颅，不要让你们的眼睛看到你们的家园被占领和遭抢劫，你
们的子孙被打死，你们的妻儿受凌辱，斯拉夫其他各地正遭受土耳
其人的祸患。"接下来讲述保加利亚人、塞尔维亚人、希腊人、阿
尔巴尼亚人，以及受奥斯曼侵略者奴役的许多土地和城市的悲惨命
运，这些在罗斯都感同身受，作者涅斯托尔-伊斯坎德尔的《察里
格勒被土耳其人占领记》尤其见证了这一点。

罗斯托夫大主教瓦西安的《乌格拉河上书》是"乌格拉河对峙"
时期充满激情的政论作品。[②] 古罗斯作者为犹豫不决的伊凡三世鼓舞
士气，呼吁他同侵略者决一死战，为"巩固和确立"罗斯强国而对
抗"十恶不赦的狼子"阿赫马特。瓦西安严厉谴责叛徒们对大公耳

---

① 《乌格拉河对峙记》，见《古罗斯文学作品：15 世纪下半叶》，第 514—521 页。

② 《瓦西安·雷洛的乌格拉河上书》，见《古罗斯文学作品：15 世纪下半叶》，第
522—537 页。

语"谄媚之词"和劝他"不要抵抗敌人"。他提起光荣的祖先:"要仰慕你的从前的先人们和大公,他们不仅为罗斯大地抵御外侮,而且让别国拱手称臣,我说的是伊戈尔、斯维亚托斯拉夫和弗拉基米尔,希腊诸王向他们纳贡。"瓦西安尤其呼吁要追随先祖顿河的德米特里一百年前击溃马迈的例子。

罗斯托夫大主教扮演着全罗斯国君的有智慧的谋臣角色。他举从前的许多例子来证明,争取正义事业的斗争必然导向胜利;基督教战士对拔都汗的继承者们所应采取的态度,不是在对邻人的态度上适宜的谦卑,而是百折不回的与恶斗争的精神,"他们像强盗一样来掠夺我们的土地,对我们作威作福"。

有代表性的是,15 世纪的俄国政论家假借希腊哲学家德谟克利特的权威:"听啊,狄谟克利特这位最早的哲学家所说:'王公应临危不乱,对敌人要勇毅、勇猛和勇敢,对亲兵要呵护有加。'"这句取自《蜜蜂集》的德谟克利特的语录"表明我们的祖先尊敬他"。[①]德谟克利特的名字和苏格拉底、柏拉图、亚里士多德的名字一样为古罗斯读者所熟知。它有时被联想起"民主"术语,当时这位古代思想家被称为狄谟克拉特。在古罗斯,不仅德谟克利特的名字、还有其他许多从前的权威的名字都没有划一的书写。例如,我们在词诠中读到这种解释:"狄谟克罗特。释义。希腊人中有位古代哲学家叫狄谟克拉特。狄谟克拉特的意思是民长,或首领。狄谟克拉底亚。释义:民主。"[②]

新首都莫斯科成为解放斗争和罗斯巩固与崛起的中心,常胜者圣格奥尔吉成为它的徽章。格奥尔吉的形象在欧洲和俄国中世纪文

---

① М.И. 苏霍姆利诺夫:《蜜蜂集札记》,见《科学院俄罗斯语言文学部通报》,第 2 卷,第 6 期,圣彼得堡 1853 年版,第 232—233 列。

② 俄罗斯国立图书馆 17 世纪手稿。299 号全宗,吉洪拉沃夫,№ 1,第 115 张背面。

化中具有很大意义。[1] 他在自己身上糅合了古老的与龙斗争的地府神话，基督教殉道战士的坚毅精神，骑士荣誉，以及与春天的格奥尔吉日（4月23日）春播开始和秋天的尤里日（11月26日）秋收结束有关的民间传说，他也是家畜并尤其是马匹的保护神。[2] 红色的乔治十字架在中世纪成为英国的象征，圣乔治骑马雕像装点着布拉格城堡区，圣吉奥尔吉被认为是格鲁吉亚的保护神，这些例子还可以复制许多。

格奥尔吉崇拜从拜占庭传入罗斯并与当地的多神教信仰融合在一起，成为最稳定的意识原型之一。在蒙古入侵以前为纪念罗斯军队的保护神建起许多座教堂、创造出艺术作品，许多王公以他的名字命名，包括莫斯科的缔造者长手尤里。在与草原敌人的斗争中格奥尔吉被尊为罗斯骑兵的保护神。他的画像具有禳灾功能，例如，刻在13世纪初雅罗斯拉夫·弗谢沃洛多维奇公头盔上的画像。这一概念形象包含理想化的殉道战士观念，他已成为俄国民族自我意识中的稳定象征，对此应在基督教和欧洲共同的背景下探讨。[3]

16世纪是在中世纪关系框架下祖国国家体制和文化的鼎盛时期。俄国成为欧洲头号强国之一。它在摆脱金帐汗国的沉重压迫后，实行收复在基辅罗斯倒台后被夺去的古罗斯土地的坚定政策。[4] 俄国

---

[1] А.И. 基尔皮奇尼科夫：《圣格奥尔吉和勇敢的叶果里》（基督教传说文学史研究），圣彼得堡1879年版；M.B. 阿尔帕托夫：《拜占庭和古罗斯艺术中的战士格奥尔吉形象》，载《古罗斯文学部学报》，第12卷，莫斯科—列宁格勒1956年版。E.Gordon, *Saint George*, L., 1908; K.Krumbacher, *Der Heilige Georg in der Griechischen Überlieferun*, München, 1911.

[2] B.K. 索科洛娃：《俄罗斯人、乌克兰人和白俄罗斯人的春夏节令礼仪》，莫斯科1979年版，第155—184页。

[3] M.H. 格罗莫夫：《圣格奥尔吉形象的哲学语义》，见《历史和文化中的常胜者圣格奥尔吉》，莫斯科2000年版，第15—19页。

[4] B.T. 帕舒托、Б.Н. 弗洛里亚、А.Л. 霍罗什凯维奇：《古罗斯遗产与东斯拉夫族的历史命运》，莫斯科1982年版。

在西方收复失地，也向东方挺进。伏尔加沿岸地区、乌拉尔山前地带和西西伯利亚并入其版图，俄罗斯国家本身成为多民族国家，占领越来越多的广大欧亚地区。

日益崛起的莫斯科是这一过程的政治、文化和思想中心。因此在 16 世纪初并非偶然地形成广为流传的最重要的祖国国家理念之一——"莫斯科是第三个罗马"。[①] 它有深刻的根源。在早期的罗斯编年史、伊拉里昂《法与神赐说》和其他史料中，以基辅为中心的早期封建国家已被比作拜占庭帝国，弗拉基米尔大公则被比作君士坦丁皇帝。

曾是东罗马帝国首都的君士坦丁堡开始频繁地被称为"第二个"或"新"罗马，尤其是在基督教分裂为正教和天主教以后，并强调其政权和神权的统一。在察里格勒 1453 年被土耳其人占领后，俄国社会逐渐形成东方基督教国家和民族的政治和宗教中心转移到莫斯科的思想，这种思想越来越成为稳定的观念，并导致在 16 世纪确立"莫斯科是第三个罗马"的理念。

通常认为这一观念本身由菲洛费伊长老在约 1520—1530 年表述完成。普斯科夫附近的叶列阿扎尔修道院的修道士被认为是写给瓦西里三世大公、伊凡雷帝、普斯科夫地方官米秀尔 - 穆涅欣和其他收信人的一系列书信的作者。他本人，按普斯科夫僧众所说，"由于品行端正和文采出众而被大公和贵人所知"，即强调菲洛费伊的威望和他与大公集团关系密切。尽管修道士本着中世纪的谦卑精神关于自己说道："我是村野之人，在智慧上无知"，"既未出生在雅典，也未求教于有智慧的哲学家"，但他却在自己的《驳占星家书》中参与

---

① H.H. 马斯列尼科娃：《"莫斯科是第三个罗马"理论形成史》，载《古罗斯文学部学报》，第 18 卷，第 569—581 页。

讨论最严肃的历史哲学问题，并在这里阐述他的关于"莫斯科是第三个罗马"的观念。[①]

菲洛费伊在收信人为穆涅欣的书信中与尼古拉·布列夫论战，后者是从日耳曼来的御医、星象家和天主教宣传者。[②] 长老在反驳"拉丁人尼古拉的哲学讲话"时，批判在欧洲散布很广的要有世界大难的星象预言，从反天主教的立场上讨论神意、基督本性和圣餐礼仪等问题。他驳斥天主教徒对罗马普世权力不可动摇的冀图，这种权力从异教徒皇帝手中传给天主教教宗。他用希腊人的叛教行为解释拜占庭的灭亡，他们试图为救祖国免遭土耳其人之祸而与天主教徒合并。两个罗马就这样倒下了，它们的角色转移到莫斯科沙皇国这一正教堡垒和政治独立中心。莫斯科成为"第三个罗马"，并且"不会有"第四个。

这些思想在给瓦西里三世和伊凡四世的书信中得到更加详细和有针对性的阐述，А.Л.戈尔德贝格把这些书信归入"菲洛费伊系列"，认为它们经过其他作者加工，而只是署上观念创造者的名字。在给瓦西里三世的书信中，俄国统治者被认为是所有基督徒的保护者："你是全天下唯一的基督徒王。"俄国国君所应仰靠的坚强支柱不是黄金，而是信仰。在给伊凡四世的书信中流露出批判思想："新的罗斯国立信仰于正教之上，却善事不兴，不义孳生。"[③] 伊凡雷帝的暴君习气和他不仅对王公贵族、而且对教会人士的迫害（只要回想一下，被贬黜的教会首脑——斥责独裁者恶行的都主教菲利普死在马柳塔·斯库拉托夫手里就足够了），引起这封书信的作者有了警

---

① B.马利宁：《叶列阿扎尔修道院长老菲洛费伊及其书信》，附录，第37—47页。

② Д.М.布拉宁：《尼古拉·布列夫（比尤列夫）》，见《古罗斯书翰家和书翰词典》，第2编，第1册，列宁格勒1988年版，第101—103页。

③ B.马利宁：《叶列阿扎尔修道院长老菲洛费伊及其书信》，附录，第50、64页。

告沙皇勿入危途的愿望。

要指出的是，"莫斯科是第三个罗马"理念不是某种不寻常之物。相反，在中世纪基督教史书中，"永恒的罗马"（Roma aeterna）论和与它有关的世界权力中心转移到其他政治体的观念在许多民族那里都非常受欢迎。只要回想一下哈布斯堡王朝的神圣罗马帝国以及法国、西班牙和其他宫廷思想家的大国理念就足够了。在西方出版物中经常把菲洛费伊的理念和俄国自古以来谋求统治世界联系在一起。[①]

实际上，"莫斯科是第三个罗马"理念与其说带有霸权性，不如说是对教皇宝座、日耳曼皇帝和欧洲头号国家有权势的统治者的冀图作出回应，他们试图证明自己的政治优先权。菲洛费伊的观念有助于提高民族自我意识、加强政治统一和确立俄国在欧洲国家中的平等地位。在祖国历史的随后几个世纪，这一改变样子的观念获得各种阐释，从本着土壤派精神的弥赛亚主义到关于俄罗斯帝国无所不能的大国主义。

《弗拉基米尔诸王公逸事》中记载的两个传说作为重要的原则性论点进入16世纪和随后几个世纪的俄罗斯国家官方思想体系。在第一个传说中证明留里克统治王朝起源于罗马的奥古斯都皇帝（"至圣"封号由此而来），在第二个传说中则证明，凯撒（"凯撒"一词在简写时读音似"沙"，沙皇由此而来）的权标由拜占庭皇帝君士坦丁·莫诺马赫传给他的外孙——罗斯统治者弗拉基米尔·莫诺马赫大公。

在东西方的许多宫廷里都为提高统治王朝的威望而编制传说中

---

① H.Schaeder, *Moskau das Dritte Rome*, Aufl, Darmstadt, 1957; D.Stremooukhoff, Moscow the Thrid Rome: Sources of the Doctrine, *Speculum*, Vol. ⅩⅩⅧ, № Ⅰ, 1953; etc.

的世系表。在欧洲统治者那里最有威望的是盖尤斯·屋大维，他是尤利乌斯·凯撒的甥外孙，在公元前 27 年受封为第一位罗马皇帝凯撒·奥古斯都，奥古斯都（Augustus）一词的意思是"神使为大"。奥古斯都把最高军权、政权和意识形态权都集中在自己手中，当选为大祭司（最高祭司），他本人也被宣布为圣。所有以后的罗马皇帝都在其封号中冠以"奥古斯都"称谓。从基督教思想体系角度同样重要的是，新的信仰学说的创建者耶稣基督出现在奥古斯都（死于公元 14 年）统治期间："救世主愿出生在伟大的君王在位时。"[①]

《弗拉基米尔诸王公逸事》的政治反响很大。它被广泛使用在编年史、官方文件和汇编、外交文书、伊凡雷帝的书信和其他著作中。《弗拉基米尔诸王公逸事》被翻译成拉丁语（最早的译本之一）并开始在欧洲流传。它被使用在都主教马卡里为 1547 年伊凡雷帝加冕礼所编的《沙皇加冕大典》中，伊凡雷帝拒绝罗马教皇和日耳曼皇帝向他建议的国王封号，第一个在俄国历史上自封为沙皇，也就是同罗马和拜占庭皇帝平等。在马卡里的命令下完成《沙皇世系宗谱》——从使罗斯受洗的弗拉基米尔·斯维亚托斯拉维奇到成为俄国第一位皇帝的伊凡四世。[②]

出现在 15 世纪末并在后来适应 16 世纪思想需要的《巴比伦逸事》被归在一组预示着莫斯科沙皇国崛起时代的专制思想观念的文献中。其中讲述巴比伦王尼布甲尼撒的王冠被三个少年人，其中一个是"罗斯人"，奇迹般地带到希腊正教君主的宫廷。[③] 这一独特的历史哲学寓言讲述普世权力中心从被摧毁的异教巴比伦转移到希腊

① *Roma aeterna*, Leiden, 1972. S. 392.
② П.Г. 瓦先科：《〈沙皇世系宗谱〉及其在古罗斯历史文献中的意义》，第 1 部，圣彼得堡 1904 年版。
③ M.O. 斯克里皮利：《巴比伦城轶事》，载《古罗斯文学部学报》，第 9 卷，莫斯科—列宁格勒 1953 年版，第 119—144 页。

基督教王国，与《圣经》里的尼布甲尼撒想要活活烧死三个少年的传说、与加入"俄国题材"融合在一起。

16 世纪的特点是古罗斯社会不断趋于团结和一体化，吸收新的和收复曾经失去的城市和土地，连同他们的居民、物质和精神财富以及多样的多民族文化。这尤其表现在伊凡雷帝统治时代（1547—1584 年）的集中性措施上，他是俄国历史上最伟大和最具悲剧性的人物之一，是残暴的统治者和杰出的思想家，关于他有大量学术、文艺和通俗出版物。16 世纪中期各个生活领域的改革表现在《1550 年法典》《百章决议》《治家格言》、编纂统一的全俄国编年史、创办旨在划一书籍文化多样性的印书局以及精力充沛的俄国统治者的其他许多创举上。

国家正经历自己历史上的复杂和矛盾时期。一方面，它在政治和经济方面强大起来，而另一方面，社会和思想体系结构变得越来越坚硬，产生出越来越有力的专制统治机制。[①] 专制不仅是政治制度，它还打造出硬性的、集中化的、受上面控制的社会生活各个方面的组织原则，对不同的活动领域具有不一样的后果。如果说在革命前的正式出版物中专制作为一种组织原则受到过度赞扬，则它在革命和革命后的时期受到完全负面的评价，并且对发展结束阶段的评价经常被转移到其存在的整个历史。

专制在政治方面作为一种半军事化的社会组织原则在道路之初带来一定益处，但在文化、精神和思想方面却越来越钳制人民的力量，凭借其强求划一、冷漠的官僚机制和对一切独立与非标准化思维表现的立刻清算。倘若回顾历史上的同类物，那么，俄国在发展

---

① C.O. 施密特：《俄国专制制度的形成》（伊凡雷帝时期的社会政治史研究），莫斯科 1973 年版。

中追随的不是多极多样性和在文化发展上更为自由的古希腊，而是在政治方面强大的罗马帝国，那里的精神文化发展条件较为不利，社会不自由的程度却高出许多，因此没有像希腊古典文明中那种创造基因奋发。可见，俄国在一定程度上步"第一个罗马"的后尘以及由此而来的一切后果，包括在哲学知识的发展上，菲洛费伊和其他"莫斯科是第三个罗马"理念的思想家则表现出对俄国在 16 世纪和随后几百年发展的历史命运的深刻理解。

俄国的社会建设和发展道路问题处于伊凡雷帝和安德烈·库尔布斯基著名的通信这样一组文献的中心。[①] 如果说独裁者、开明的暴君、"俄国的尼禄"主张不受任何限制的绝对君主制，那么，逃往波兰立陶宛王国境内的被贬黜的公爵则捍卫"圣罗斯国"理念，这个国家应建立在遵守法度、承认世系名门的权利以及沙皇行为与宗教会议和缙绅会议取得一致的基础上。沙皇为自己的立场提供论据，援引历史（包括罗马皇帝的威权统治在内）、平定自私封建主的内部纷争、不信神的异端分子和像投敌公爵这种叛徒暴乱的必要性，以及援引上天赐予"执掌俄国权杖"的责任。库尔布斯基指责雷帝残暴、背信弃义、不加节制和其他过错，举虔诚和公正统治者的统治为例，表现出对欧洲开明和有限君主制政体的好感，并预言独揽大权的暴君不义统治的灭亡："独夫和专权者必然灭亡，因其法令难行，纲纪不举"。

历史对两条政治路线的原则性争论作出裁决：在俄国巩固了专制政体以及由此而来的一切后果。但不应该认为，库尔布斯基提出的纲领更有前途。波兰立陶宛王国的例子是对此最好的证明，那里

---

① Я.С.卢里耶和 Ю.Д.雷科夫整理：《伊凡雷帝与安德烈·库尔布斯基通信集》，列宁格勒 1979 年版。通信集被翻译成几种欧洲语言。

专权的议会使国王的统治陷入瘫痪。它因内部矛盾四分五裂，在 18 世纪被强大的君主国俄国、奥地利和德国瓜分。但三大帝国也在第一次世界大战后解体，在 20 世纪已显示出其历史宿命。

伊凡雷帝是 16 世纪本国头号的政治思想家之一。他是写给欧洲君主（瑞典国王约翰三世、英国女王伊丽莎白一世、波兰国王斯特凡·巴托雷）、基里尔白湖修道院众修士、特辖军团成员瓦西里·格里亚兹诺伊和其他收信人的一系列书信的作者。[①] "明断的男子"喜欢深入探讨"严肃的哲学问题"。[②] 伊凡四世与耶稣会士安东尼奥·波塞维诺（在俄国写有一系列著作）、新教牧师扬·罗基塔和其他西方思想家进行争论。[③] 沙皇有丰富的藏书，以传说中的"伊凡雷帝御书房"走入历史，其中有罗斯和东西方的手稿。[④] 雷帝曾参与编辑《百章决议》《插图编年史》和其他 16 世纪的主题作品。[⑤] 他是其统治时代民间创作中的鲜明角色之一。在民间口头创作中，"我们的老爷子，伊凡·瓦西里耶维奇沙皇雷帝"是惩罚任性的大贵族的严厉统治者，是有洞察力的"洞见者"，是怜恤百姓和哥萨克的有治国方略的男子，是叶尔马克的保护者，同时也是被自己的罪行折磨的暴君、杀害儿子的可怜人和丧心病狂的特辖军团头目。[⑥]

沙皇思想家的论敌安德烈·库尔布斯基公爵（约 1528—1583 年）同样是所探讨的世纪的鲜明人物之一。他出身于雅罗斯拉夫尔

① Д.С.利哈乔夫和 Я.С.卢里耶整理：《伊凡雷帝的书信》，莫斯科—列宁格勒 1951 年版。

② Я.С.卢里耶：《伊凡四世·瓦西里耶维奇（雷帝）》，见《古罗斯书翰家和书翰词典》，第 2 编，第 1 册，第 375 页。

③ *Tsar Ivan IV's Replay to Jan Rokita by V. A. Tumins,* The Hague-Paris, 1971.

④ Н.Н.扎鲁宾：《伊凡雷帝的御书房》，列宁格勒 1982 年版。

⑤ Д.Н.阿尔希茨：《伊凡雷帝对其统治时代的历史所做编辑工作的史料和特点》，见《国立公共图书馆手稿部学报》，第 1（4）卷，列宁格勒 1957 年版，第 119—146 页。

⑥ В.И.伊格纳托夫：《俄国历史歌曲选编》，莫斯科 1970 年版，第 73—100 页。

的名门公爵，可追溯至留里克王朝一脉，受过良好的教育，参加过喀山远征和立窝尼亚战争，是伊凡四世统治时代的大政治活动家之一。由于担心被清算，他在 1564 年逃往立陶宛，在那里得到科韦利城堡和周边土地，为此为波兰国王效力，包括出征波洛茨克和大卢基。他写有一系列书信、上书、《莫斯科大公记》（他这样称雷帝，不承认其为君主）、《佛罗伦萨公会议记事》及其他社会政治和政论性著作。[①]

值得注意的情况是，库尔布斯基与 16 世纪的哲学思想发展有直接关系。[②] 从《新珍珠集》序言中可见，公爵在流亡期间曾认真钻研亚里士多德和大马士革的约翰的哲学。[③] 他和自己身边的人一道，其中有切尔尼戈夫公米哈伊尔·奥博连斯基，翻译大马士革人的著作，写一系列自然哲学著作，包括《论天象》。

他的四部作品使其作者被称为逻辑学领域的第一位俄国学者。在翻译大马士革的约翰《辩证法》时，库尔布斯基公爵附了一篇《约翰·施潘年贝格三段论辩证法补阙》，这篇文章是经过加工的路德弟子、德国作者约翰·施潘年贝格《三段论》（*Trivii Erotemata*）著作的节选。[④] 这一作品成为 1586 年在维尔诺出版的俄国第一部逻辑学印刷书。

---

① 《库尔布斯基公爵著作集》，Г.З.昆采维奇出版，俄国历史图书馆，第 31 卷，圣彼得堡 1914 年版；关于库尔布斯基的生平与著述情况见 А.И.格拉德基、А.А.采哈诺维奇：《安德烈·米哈伊洛维奇·库尔布斯基》，见《古罗斯文学部学报》，第 39 卷，列宁格勒 1985 年版，第 73—80 页。

② Н.К.加夫留申：《安·米·库尔布斯基的学术遗产》，见《科学与技术文献》（1984），莫斯科 1986 年版，第 210—236 页。

③ 《新珍珠集》由库尔布斯基用新翻译的或压根儿不为俄国读者所知的金口约翰的著作编成，书名仿照在不晚于 13 世纪从希腊语翻译过来的流传很广的金口著作集《珍珠集》。

④ W.Eismann, *O Silogizme Vytolkovano. Eine Überzetzung des Fursten Andrej M. Kurbskij aus den Erotemata Trivii Iohann Spanenbergs,* Wiesbaden, 1972.

还知道库尔布斯基的名为《逻辑论》的著作，它不仅是逻辑学、而且是史学（认识论方面）作品。公爵称思维科学是"最明亮的"，借此可以深入"阅读和理解""哲学著作"。除了库尔布斯基的这两篇文章外，研究者 H.K.加夫留申还得以发现两篇"相对独立的"公爵的著作，收入他翻译的大马士革人的著作中：《范畴矩阵解》和《论波菲利之树》。第一篇解释逻辑方阵，并且是对施潘年贝格的补充翻译，第二篇则包含按各种史料对希腊逻辑学家著名图表的解释。

在库尔布斯基身边的人所编的手稿集中读到的库尔布斯基所作笺注（边注）富有很大的趣味。他使希腊语和拉丁语术语的含义准确化，尝试建立斯拉夫语的对应词，把新的概念引入使用。库尔布斯基小组所从事的大量翻译活动对俄国 16 世纪理论思维的发展具有很大意义，尽管这一活动是在莫斯科沙皇国以外的罗斯西部土地进行的。[①]

在伊凡雷帝统治时代的大型文化集中性措施中应指出编纂大月书——书籍大全。这是一部供全年每日阅读的合集，由超过两千篇或简或繁的原创和翻译文学作品组成，从 9 月份起按月编为 12 卷。[②] 这一宏大的汇编最初由都主教马卡里在诺夫哥罗德编纂，之后在原诺夫哥罗德大主教成为俄国教会首脑时在莫斯科伊凡四世的宫廷编纂。

12 卷书的每一卷都有 1500—2000 及以上大开张 [所说的亚历山大对开张（in folio）]，每张都从两边排上两列文字，装饰着艺术

---

① И.П. 别利亚耶娃：《安·米·库尔布斯基翻译著作索引材料》，见《古罗斯文学（史料研究）》，列宁格勒 1984 年版，第 115—136 页。

② Н.Ф. 德罗布连科娃：《大月书》，见《古罗斯文学部学报》，第 39 卷，第 238—243 页。

水平很高的书眉和细密画。每一天都有 3 篇到 115 篇各种体裁的著作（平均 5—10 篇）：传记、赞词、编年史片段、训喻、书信、记事、逸闻等。其中有不少含哲学内容的文献，有些在前面已经探讨过：隐居者菲利普的《宝鉴》，亚略巴古的狄奥尼修斯、查士丁哲学家、奥赫里德的克利门特、希腊人马克西姆的著作，都主教尼基福尔给弗拉基米尔·莫诺马赫的书信，天梯约翰的《天梯》，航行到印度的科斯马斯的《宇宙志》，《论伊瓦格里乌斯哲学家》《康斯坦丁 - 基里尔哲学家传》和金口约翰的大量著作，包括《论假哲学家》等。

编纂《插图编年史》是 16 世纪中期真正宏大的集中性措施，这是一部"中世纪罗斯最大的年代志和编年史作品"。①它由 10 卷书组成，总量约 9000 张，装饰着 10000 多幅细密画，堪与现代的多卷本插图出版物相比，在当时是前所未见的大合集。汇编按伊凡雷帝的指示 1568—1576 年在亚历山大特辖军屯编纂。它按其构想应体现俄国是世界君主国的继承者和正教堡垒的历史哲学观念，莫斯科是其中心，俄国沙皇及都主教是其首领，即始终贯穿"莫斯科是第三个罗马"理念。

伊凡四世的忏悔神父、大司铎西尔维斯特编纂的《治家格言》是一份重要的社会性质的史料。它包含论信仰崇拜的《宗教建设》（第 1—15 章）、论家庭生活安排的《世俗建设》（第 16—29 章）以及有许多实际劝告的论家业管理的《家务建设》（第 30—63 章）。这本书用鲜明形象的语言写成，不仅收入日常的生活智慧语录，还巧妙地穿插《绿宝石集》、《金口集》和其他所尊之书里的格言警句。它按其培养意义堪比色诺芬的《经济论》（呈现为苏格拉底和克里托布勒斯的对话）以及欧洲中世纪的论著，如 15 世纪阿尼奥洛·潘道

---

① Б.М. 克洛斯：《插图编年史》，见《古罗斯文学部学报》，第 39 卷，第 114 页。

菲尼的《论持家》。①

　　西尔维斯特所关注的中心是建立模范的"庄院"，坚固、殷实，服从一家之主的意愿，所有家庭成员从清早就忙着做事，没有人游手好闲、闹纠纷、相互埋怨和吵嘴，整个家就是幸福美满和秩序的体现。在论宗教培养的各章中写道："要做到公义诚实，还要谦卑，眼睛朝下看，心思望向天，对上帝感动，为人要友善。"每个家庭成员都要好客、怜悯、慷慨、忍耐、不记仇、不多嘴、不骄傲、不贪财。应顺从管事者。家中要装饰并保持整洁。父母在上帝面前为自己的孩子负责，孩子则应当顺从和尊敬父母。善良勤谨的女主人使"生活安适"，她"比宝石还要贵重"。那些"惹事、动粗、招恨"的人受到谴责，他们抢夺别人的财产、和邻居吵架、日子过得不体面。作品以《婚礼大典》收篇。《治家格言》具有不容怀疑的培养意义，它是封建生活方式的独特法典，反映出家庭建设和个体经济的理想。它在近代开始被视为对局限在房屋四壁的父权制生活的理想化，是家庭成员硬性服从家长、妻子服从丈夫、孩子服从父母的体系。

　　16世纪中期的集中性措施具有双重意义。一方面，这些措施集中了社会的精神力量，联合众多的文化活动家，将文献典籍汇编成册，制定目标明确的进一步发展计划。另一方面，这些措施在加强中央的同时也削弱了古罗斯文化渊薮传统上存在的其他地区，使各地的艺术学派化为乌有，把一些具有独特的不可重复特征的城市，如大诺夫哥罗德、普斯科夫、斯摩棱斯克、特维尔、下诺夫哥罗德等置于莫斯科的影响下。加强了统一化、规则化和整个国家服从中央政权的政治管制，这无疑降低了社会的创造潜能，引起文化中的

---

① 《西尔维斯特底本的治家格言》，T.格拉祖诺夫出版，圣彼得堡1891年版。

停滞现象，限制了思维发展，尤其是与进步中的多极性的西欧相比。

强有力的政权，教会的精神统治，压制异端和其他不同思想的表现，前文艺复兴风尚减弱——这些都导致具有国家组织性的封建制的稳定。已经形成的政治、经济和意识形态硬性联络的体系继续演化，越来越导致 17、18 和 19 世纪深刻的危机现象，那时缓慢发展的、基础仍建立在同样的封建国家组织原则上的社会亟待社会变革。而在 15—16 世纪逐渐构成庞大的俄罗斯国家和形成罗斯或大俄罗斯族时，则在封建社会的非同质结构内必然出现组成复杂和矛盾统一体的各种力量的两极化。开始了政治集团的博弈和各种思想倾向的竞争。这些过程在宗教文化领域首先表现在绝财派和约瑟夫派的论战以及官方教会与异端的斗争中。

绝财派和约瑟夫派两大思想流派的博弈反映出崭新的社会状态，单枪匹马的、小集团的竞争被人数众多和成分复杂的各派斗争所取代，每派都有领袖和模仿者。17 世纪这种斗争将在尼康派和旧礼仪派之间以及在拉丁文化和希腊文化的支持者之间展开，并且预告了未来西方派与斯拉夫派的论战。

绝财派的思想创始人是索拉的尼尔（死于 1508 年），前面探讨过他的静修学说。他在罗斯北方修道院中的追随者经常被称为"伏尔加河东岸长老"。希腊人马克西姆、瓦西安·帕特里克耶夫、古里·图申、圣三一修道院阿尔乔米等杰出的祖国文化活动家追随绝财派，发展出其学说的不同方面，他们的观点也被异端分子斜眼人费奥多西、马特韦·巴什金等利用。[①]

绝财派里的"精神派"支持者否定修道院地产的继承权，力图

---

① H.A. 卡扎科娃：《俄国社会思想史论文集》（16 世纪前三分之一），列宁格勒 1970 年版。

把修道团体变为仅从事修行活动的独特的中世纪知识阶层。出家人分散居住在不大的、不经任何修饰的隐庐，靠自己的劳动或微薄的施舍过活，要做的是冥想、阅读和缮写书籍，思考崇高之物。当然，这种修道院乌托邦不可能在全国规模内和在封建社会条件下实现：教会是主要的生产力——耕地农民所居住的土地的头号所有者，占有全部面积的近三分之一。

尽管索拉的尼尔的思想决不可能实现，但却在许多有思想的人心中找到回响，他们力图挣脱封建依附关系的束缚，摆脱俗世的利欲扰攘，把自己整个献给精神活动。这种人并不多，他们也不能按自己的愿望变革社会，但正是他们力图创造出不依赖于国家和不牵扯经济活动的自由的、有思想的个人这一现象，并且从社会上承认这种人联合成宗教兄弟会存在的权利。类似的思想将在后来不断地以各种面貌和按各自不同的理解在俄国社会传递，包括在个别异端分子的活动中，他们走上与官方思想体系决裂的道路，斥责教会和封建国家。

绝财派里的"论辩派"头号代表人物是其创始人瓦西安·帕特里克耶夫（约 1470—1532 年），他属于最高等的宫廷名门，是大公的亲戚和转事俄国的格底敏世系立陶宛公帕特里基的曾孙。他在1499 年被贬黜，在基里尔白湖修道院削发为僧，成为索拉的尼尔的弟子。公爵僧人在 1509 年被召回莫斯科，在力图以削弱教会势力来巩固大公权力的瓦西里三世朝中重新担任要职。但获胜的约瑟夫派争取到在 1531 年宗教会议上谴责瓦西安，之后他被流放到约瑟夫派的据点约瑟夫 - 沃洛科拉姆斯克修道院，如库尔布斯基公爵所写，他们"没过多久就把他害死了"。

瓦西安激烈地批判与他同时代的社会。他痛斥因迷恋世俗利益和欲望而蜕化的修道团体："呜呼哀哉！违背神的诫命和教父学说，为修道院并购村庄并占有它们，出家人在那里为非作歹，违迕神的诫命。"（《某长老集》）这种僧人一点儿也不"比俗人好"：他们聚敛财富，"贪恋权力"，骄横嫉美。自私的念头和恶事扼杀人身上的灵魂和理智："灵魂之死是理智在思想上受毒害：做恶事者必自毙，无法无天即绝望。"[①]

以驳爱财派领袖的形式谋篇的《与约瑟夫·沃洛茨基之辩》独具趣味。在简要的开场白后是正文，逐一列举约瑟夫·沃洛茨基的论点和瓦西安·帕特里克耶夫对它们的批判。论战涉及对异端分子的态度、修道院地产、圣经和普世会议决定的权威性。瓦西安认为在正经以外确定新的教会法规是不合法的，因为这会导致教会权力机构的任意妄为。他认为被无辜处死的异端分子是殉道徒。瓦西安为自己的老师索拉的尼尔进行辩护，驳斥对他不敬拜俄国显灵者的指责，严词反驳自己的论敌："而你，约瑟夫，狠狠地造他的谣，就像一个恨人者。"

要指出的是，瓦西安在书信中努力保持克制，在谈话时却无所顾忌，抨击一切：不义的权力机构，新确定的教会法规（他称之为"曲规"），他不承认许多显灵者，称他们为"行拂乱者"（捣乱者）。1531 年宗教会议的《案宗》材料尤其见证了这一点，公爵僧人在这次会议上被判有罪。瓦西安被指控的罪名是，称俄国宗教会议的决定"是恶的和败坏的"："称基督为造物"（受造的）；编自己的舵书，利用"希腊哲人之学"：亚里士多德、荷马、亚历山大、柏拉图；用自己的学说败坏追随者："自己卖弄聪明，还用自己那一套教别人。"无可争议的是，宗教会议在自己的指控上具有倾向性，但它们对于

---

① H.A. 卡扎科娃：《瓦西安·帕特里克耶夫及其著作》，莫斯科—列宁格勒 1960 年版，第 223—230 页。

揭示在莫斯科罗斯对不同思想者进行清算的客观环境极具特征性。

瓦西安在批判现实方面有许多东西从希腊人马克西姆那里接受下来，后者对他来说、并且对俄国 16—17 世纪的许多人来说，都是一位很高的权威、希腊智慧和拜占庭学识的代表者。[①] 希腊人马克西姆（约 1470—1556 年）确实是 16 世纪祖国头号的思想家。他度过了漫长坎坷、云谲波诡的一生，与所处时代的大思想家交往，留下极其丰富的精神遗产。研究希腊人马克西姆其人和作品对理解古罗斯的哲学家形象富有很大趣味。

思想家的真名是米海尔·特里沃利斯。[②] 年轻的希腊人出身名门世系，阿尔塔城人氏，受过良好的家庭教育，为继续学业来到意大利北部，这里从前不仅是拉丁文化、而且是希腊文化的聚集地，因为有文化的希腊人在拜占庭倒台后大多乔迁此地。他在帕多瓦、博洛尼亚、米兰和威尼斯与文艺复兴鼎盛时期的文化名人结交：亚努斯·拉斯卡里斯、安杰洛·波利齐亚诺、阿尔多·马努齐奥。有几年时间是在皮科·德拉·米兰多拉的侄子、与他年龄相仿的希腊文化的热情崇拜者那里当图书管理员。米海尔大多时间待在佛罗伦萨——"第二个雅典"，整个欧洲的人文运动中心，但丁、彼特拉克、薄伽丘、米开朗琪罗的城市。

这里在科西莫·美第奇的保护下建成一座柏拉图学园，"成为文艺复兴时期的柏拉图主义最现实的中心"。[③] 学园的创始人是马尔西利奥·费奇诺，文艺复兴时期的头号哲学家之一。柏拉图在那些年里成为被中世纪经院学者教条化了的亚里士多德的独特对立物，在

---

① B.C. 伊孔尼科夫：《希腊人马克西姆及其时代》，基辅 1915 年第 2 版。

② E.Denissoff, *Maxime le Grec ct l'Occident: Contribution à l'histoire de la Pensée Religieuse et Philosophique de Michel Trivolis*, Paris-Louvain, 1943.

③ *The Encyclopedia of Philosophy*, Ed. P. Edwards, Vol. 3, N. Y.–L., 1967, p.206.

人文主义者中形成对他的真正崇拜。有文化的特里沃利斯终生保持对欧洲哲学创始人之一的爱与尊敬，后者对他来说是"最高的异教哲学家"。研究者指出思想家与马尔西利奥·费奇诺和佛罗伦萨的哲学家们关系密切 [①]，他将在来到俄国以后说："我学习过哲学，为此而自豪。"

从封建社会落入早期资本主义现实中的年轻希腊人也看到它的阴暗面：拜金主义、发展个人主义、世风日下。因此他并非偶然地迷恋上萨伏那罗拉的传道，后者怒斥罗马——以放荡残暴的教皇亚历山大六世博尔贾为首的"七丘之上的淫妇"，斥责佛罗伦萨的腐败名流和同时代人的恶习。希腊人受到传道士之死的震动，将用在俄国写的《骇人与值得纪念之事》告慰他。思想家的早期著作合集与萨伏那罗拉的主要作品《十字架的胜利》(*Il trionto della Croce*)有主题和结构上的相似处。

米海尔·特里沃利斯在多明我会的圣马可修道院剃度出家，萨伏那罗拉一段时间是这座修道院院长。他在这里研究拉丁和希腊神学家的著作，包括托马斯·阿奎那和大马士革的约翰在内。这是对文艺复兴时期新多神教的独特抗议。他很快离开修道院去了阿封山，用马克西姆的名字在最显赫的修道院之一瓦托派季乌修道院剃度出家，甚至经常有拜占庭的皇帝在那里出家。他在那里在凝思默想中度过十年光景，之后他的命运再次急剧改变。

1518 年，阿封山读书人马克西姆在瓦西里三世大公邀请下来到俄国，在那里他像许多同胞一样被唤作希腊人。希腊人马克西姆正是在俄国成长为一名著作家、政论家和思想家 [②]；他在这里获得哲学

---

① J.V.Haney, *From Italy to Muscovy. The Llfe and Works of Maxim the Greek*, München, 1973, p.113.

② H.B. 西尼岑娜：《希腊人马克西姆在俄国》，莫斯科 1977 年版。

家的崇高称号，在罗斯史料中经常被提起为"了不起的哲学家""高明的哲学家""哲学家中出色的""哲学上十分了得"。

希腊人马克西姆在神迹修道院的斋房成为独特的"文学俱乐部"和"哲学小组"，在那里聚集了首都许多渴望知识的人和本身很有文化的人。他们中有瓦西安·帕特里克耶夫，他把有学问的希腊人吸引到绝财派立场上。马克西姆逐渐成为俄国现实"失序"的痛斥者，他在1525年和1531年宗教会议上被判有罪，先后被流放到约瑟夫-沃洛科拉姆斯克和特维尔的奥特罗奇修道院悔过。马克西姆在去世几年前才被释放，他被洗刷罪名并得到礼遇，在谢尔吉圣三一修道院度过余生，伊凡雷帝、安德烈·库尔布斯基、修道院院长阿尔乔米和其他许多名人都到那里看望他。

残酷的迫害锻炼了马克西姆的精神。他在被关押期间开始紧张的写作活动，编选自己的著作文集。经他本人校正的单篇著作和著作合集保留下来，这在彼得以前的罗斯实属罕见。阿封山人的遗作相当多——超过300篇原创和翻译作品，其中许多需要进一步考证。[①]17世纪他的著作在莫斯科、基辅、维尔诺和其他城市被广泛印刷。尤里·克里扎尼奇与十分敬仰马克西姆的旧礼仪派进行争论，翻译了他的论战作品《驳拉丁人》。这个译本现在保存在罗马。[②]巴黎国家图书馆有马克西姆的希腊文手迹。在革命前曾用教会斯拉夫语和俄语出版思想家的著作[③]，但只包含其创作的一少部分，因此现

[①] A.И. 伊万诺夫：《希腊人马克西姆的著作遗产》，列宁格勒1969年版。

[②] A.Palmieri, Un'opera Polemica di Massimo ii Greco (XVI secoio) Tradotta in Latino da Giorgio Krijanitch, *Bessarione*, Serie III, Vol. IX, Anno XVI, Fasc, 119, 121, 122, Roma, 1912.

[③] 《希腊人马克西姆著作集》（1—3卷），喀山1859—1862年版。俄译本由谢尔吉圣三一大修道院1910—1911年出版（1996年重印）。

在才出版以前未发表的作品，而尽可能将他的著作全集引入学术研究则是一项重要的文化历史任务。

希腊人马克西姆独特地将拜占庭、文艺复兴和古罗斯传统融合起来，罗斯和国外史书对他评价不一：从"西方文明使徒"到"正教巨擘"。其创作也相当多面：论著、对话、记事、书信、详解、论战著作和各种文献的翻译及其解释——这一切构成一笔丰厚的遗产，我们只能从中选取少量加以哲学分析。

在阿封山读书人的翻译作品中应首先指出 24 位注解者的详解诗篇这部神学奠基之作，其中对 151 首诗篇的每一首诗都作出长篇大论的象征性阐释，系奥利金、费奥多西、优西比乌、亚历山大城的阿塔那修和其他许多教父学的权威所作，他们都是所处时代的杰出神学家和哲学家。这部装点着"各种智慧"的书总量超过 1000 张。马克西姆并且翻译和部分注解了金口约翰、大巴西尔、亚历山大城的基里尔、认信者马克西姆、通事官西梅翁和其他受人尊敬的作者的著作。译自拜占庭百科文集《苏达》（《苏达辞书》）的《奥利金记》《论女巫》《柏拉图哲学家》等篇富有很大趣味。许多哲学性、历史性和辞书性的材料正是由《苏达》进入古罗斯书籍。

希腊人马克西姆翻译活动的典型特点是：对文本有批判素养、深刻理解内容和追求对等翻译。他解释清楚俄国译者理解得不正

Образы философов в Древней Руси

126

---

① В.Ф. 尔日加：《希腊人马克西姆未出版的著作》，见 Byzanfinoslavica, roč. VI, Praha, 1935—1936, ss. 86—109；Н.В. 西尼岑娜：《希腊人马克西姆给瓦西里三世谈阿封山修道院建设的书信》(1518—1519 年)，见《拜占庭年鉴》，第 26 卷，莫斯科 1965 年版，第 110—136 页；Б.М. 克洛斯：《希腊人马克西姆——埃内亚·西尔维奥〈土耳其人占领君士坦丁堡〉记事的译者》，见《文化作品（新发现）》，1974 年年刊，莫斯科 1975 年版，第 55—61 页；В.С. 戈雷申科：《17 世纪抄本中的希腊人马克西姆未出版的论战著作》，见《俄语典籍（研究与出版）》，莫斯科 1979 年版，第 239—253 页；Д.М. 布拉宁：《希腊人马克西姆的翻译作品和书信（未出版的文献）》，列宁格勒 1984 年版；等等。

确的术语"高明的"（τεχνικόσ）、"有智慧的"（σωφόσ）、"益智的"（γνωστικόσ），编写自己的辞书著作《音序姓名解》，在希腊语语义和构词的基础上解释词语，主要是姓名：尤斯特提乌——"好士兵"，哲学家——"爱智慧者"，伊皮斯提玛——"技艺、把持"，柏拉图——"阔"，索菲娅——"圣智慧"等。[①]

马克西姆在《论远来的哲学家》《谈文法的益处》和其他著作中始终坚持关于语文学和哲学相统一的非常重要的思想："文法是一切爱智慧的开端与结束。"[②] 文法分为正字法、构词法和词源学，被理解为关于整个语言的学问。希腊人（指马克西姆。——译者注）认为它是哲学的阶梯——"希腊人精于此道，由此而入哲学之门"。只有掌握它的人才能够正确地"运用逻辑"和理解"细微之词"。他把希腊哲学的兴盛解释为著作家和思想家创造性劳动的富有成果的综合："吾之希腊人精于此道…… 吾之哲学家最初即有大智慧，所传之道至精至美。"[③]

按柏拉图对话传统写成马克西姆优秀的哲学创作《灵魂和理智谈》和《理智语其灵魂》。这两篇对话允许表达各种观念的冲突，意义在于确立人的崇高使命，人首先要做的是高尚的精神活动："灵魂哪，我们的名望很高，要去识而不是没有理智地像不懂道的畜生。"他同柏拉图一样（在《会饮篇》中），把认识过程刻画为真正的精神盛宴，配得上人的"筵席"，在那里给人端上"金盏"，盛满"天上的花蜜"。人的理智"能自己做主"，但应学会管理灵魂和身体的艺术。马克西姆还把人的理智比作能打上任何文字的蜡块。

---

① Л.С. 科夫通：《莫斯科罗斯 16 世纪至 17 世纪初的辞书》，列宁格勒 1975 年版，第313—349 页（引用《姓名解》正文）。

② 希腊人马克西姆：《谈文法的益处》，莫斯科 1782 年版，第 14 页。

③ 俄罗斯国立图书馆手稿。鲁缅采夫，№264，第 132 张及背面。

希腊人马克西姆在著作中涉及人、人的心理和精神完善问题。他也探讨社会建设，在这个层面上尤其有意思的是他给伊凡雷帝的书信，特别是 1548 年专门为点化不久前登基的年轻沙皇所作的《正君谏》。"权力问题从未被提到如此思想高度，也从未获得如此阐发。"[①] 希腊人的思想与苏格拉底的思想相呼应，后者认为，只有学会自我管理的人才能够号令别人，为此要制伏三宗大罪："贪图享受、贪慕虚荣和贪恋钱财。"这是在专制权力形成时期对它进行限制的最早尝试之一。马克西姆赞同《蜜蜂集》里所阐述的柏拉图的思想："受大权者当有大智慧。"[②]

思想家涉及许多哲学问题，引用不少关于古代、中世纪和文艺复兴时期哲学的有意思的材料。确实，希腊人马克西姆成为古罗斯哲学思想发展的真正顶峰。[③] 他对俄国社会的思想起到不可磨灭的作用。其影响见诸许多领域、在许多史料中可循。马克西姆的画像并非偶然地出现在许多圣像画作品、湿壁绘画和书的细密画中，作品则在今后在整个罗斯被转抄和研究。他作为希腊智慧的高级代表者，在莫斯科克里姆林宫报喜大教堂门廊上的湿壁画中与荷马、柏拉图、第欧根尼和普卢塔克同列。值得一提的是，他在俄罗斯正教会 1988 年宗教会议上封圣。

在希腊人马克西姆的众多追随者中能够指出费多尔·卡尔波夫、济诺维·奥坚斯基和圣三一修道院阿尔乔米。费多尔·伊万诺维奇·卡尔波夫是位外交家，不止一次到过欧洲，懂拉丁语和德语，迷恋古代文化，是贵族环境中有思想的人之一。保留下来卡尔波夫的几封

---

① B.Φ. 尔日加：《俄国 16 世纪政论史初探——作为政论家的希腊人马克西姆》，见《古罗斯文学部学报》，第 1 卷，莫斯科—列宁格勒 1934 年版，第 72 页。

② B. 谢苗诺夫：《按羊皮纸抄本的古罗斯〈蜜蜂集〉》，第 104 页。

③ 希腊人马克西姆的哲学观点详见 M.H. 格罗莫夫：《希腊人马克西姆》，莫斯科 1983 年版。

书信。① 他经常"陷入深深的怀疑",向希腊人马克西姆寻求对复杂的理论问题的解释。他认为,哲学教给人非教条的思维和对现实的批判态度:"哲学著作却教给我们……正所谓,不是凡所能都去做,凡所听都去信,凡所识都去讲。"在给都主教丹尼尔的书信中包含不少关于俄国社会制度的批判思想。卡尔波夫援引亚里士多德写道:"因此按亚里士多德所说,各城和各国都应由职司者秉公义管理,靠皆知的义法,而不靠忍耐。"他拥护法度,反对约瑟夫派的"忍耐"观念,它适合修道院里的见习生活、却不适合管理国家。他非常注意法的起源,认为首先是"自然法"统治时期,而后是"摩西律法",最后是最公正的"基督律法"。在卡尔波夫的著作中包含不少古代和与他同时代的欧洲哲学掌故,反映出人道主义思想,贯穿着亚里士多德术语的映像。②

济诺维·奥坚斯基是 16 世纪俄国头号思想家之一。③ 济诺维在希腊人马克西姆 1531 年受到审判后,从莫斯科被流放到诺夫哥罗德郊外贫穷破败的奥坚斯基修道院,他没有灰心丧气,创作出几部驳斥异端的作品,尤其有名的是奠基性作品《向问新说者白真相》。④ 他很尊敬"大哲马克西姆"并传统上被认为是其弟子,却和马克西姆、瓦西安·帕特里克耶夫及其"新定"展开论战。济诺维的视野中是范围很广的神学哲学问题,他讨论这些问题,批判异端

---

① 《费多尔·伊万诺维奇·卡尔波夫著作》,见《古罗斯文学作品:15 世纪末—16 世纪上半叶》,第 494—519 页。

② FD.Freydank, Zu Wesen und Begriffsbestimmung des Rusischen Humanismus, ZS, Bd. XIII, B., 1968, ss. 98-108.

③ Ф. 卡卢金:《出家人济诺维·奥坚斯基及其神学论战和教会劝喻作品》,圣彼得堡 1894 年版。

④ 济诺维·奥坚斯基:《向问新说者白真相》,喀山 1863 年版;R.Mainka, Zinovij von Oten. Ein Russischer Polemiker und Theologe der Mitte des 16. Jahrhunderts, Roma, 1961.

分子斜眼人费奥多西的学说。他探讨自然哲学的四原质说；思考"智""道""灵"的相互关系；涉及圣经智慧——"所罗门哲学"，等等。在济诺维的创作方法中大量使用逻辑推理论证，使得一些研究者视其为"俄国经院哲学"的代表。

济诺维谴责瓦西里三世在诺夫哥罗德把教堂杂役雅科夫·希什金投入狱中是一起"冤狱"，出面维护"神的判案哲学"——用吻十字架的方法快速断案。他在《伊帕季赞词》中捍卫受异端分子攻击的圣三位一体学说。[1] 参加 325 年第一次普世会议的干革拉的伊帕季反对得到一系列多神教哲学家支持的阿里乌。济诺维察觉出旧的和新的异端运动与各种基督教以外的哲学流派的瓜葛。他在这方面比希腊人马克西姆和费多尔·卡尔波夫正统得多。济诺维在以其象征意义而复杂的哲学神学主题中研究了圣智慧索菲亚主题，认为她是逻各斯、圣三位一体第二位的化身。

圣三一修道院阿尔乔米（约死于 1570 年）是伊凡雷帝风起云涌的统治时代的一位有意思的人物。他是与伏尔加河东岸长老关系密切的索拉的尼尔学说的追随者，1551 年在沙皇坚持下被立为谢尔吉圣三一修道院住持。1553 年受到宗教会议审判，因"未咒诅诺夫哥罗德异端、赞美拉丁人、不持斋戒"和其他"亵渎之词"。阿尔乔米被判有罪，被流放到索洛韦茨基，并逃往立陶宛，在那里与库尔布斯基接近，创办正教学校，与路德派、天主教徒、加尔文派和异端分子论战。他是写给伊凡雷帝、安德烈·库尔布斯基、西蒙·布德内和其他收信人的 14 封书信的作者，以鲜明形象的文辞和独立思想而出众。[2]

① В.И. 科列茨基：《新发现的济诺维·奥坚斯基的驳异端作品》，见《古罗斯文学部学报》，第 21 卷，第 166—182 页。
② С.Г. 维林斯基：《阿尔乔米长老的书信》，敖德萨 1906 年版。

阿尔乔米对认识、人和世界的观点接近静修派观念。他认为领悟存在的过程没有尽头："智慧旅程不会到头。"他区别开追求自我确立的理智的假聪明和无私心灵对真理的追求：它通过"谦卑的智慧"升向天上的圣智慧，为此必须集中精神力量、心灵和身体的健康以及道德的自我完善。与其高谈阔论，不如喜欢上"怡然静默"，隐于一庐："大智之僧趋默然而居，在那里创造生命果实。"阿尔乔米在人身上划分出三种本原：身体本原（"本然而下"）、心灵本原（"本然"）和精神本原（"本然而上"）。尽管他强调精神本原占优势，但在其作品中也碰到自然主义思想。例如，长老认为，正如穗出于谷，"精神也出自身体"。阿尔乔米描写自己的同时代为"长歌当哭"。他对俄国的绝财派团体和立陶宛正教居民产生很大的影响。

约瑟夫派和表现各异的绝财派相对立，成为官方思想体系中占统治地位的流派，在俄罗斯君主国存在的漫长时期内巩固了国家与教会的联盟。正统的和实质上是保守的学说创始人和精神领袖是约瑟夫·沃洛茨基（1440—1515 年）。[①] 约翰·萨宁在家的时间不长，很早就在博罗夫斯克的帕夫努季（拉多涅日的谢尔吉弟子）的修道院里剃度，并在他去世后当上住持。他研究罗斯的修道经验，收集古代的真传和拜占庭教会法规，在 1479 年创建了沃洛科拉姆斯克附近的本人的圣母安息修道院，这座修道院在中央政权的保护下，有建立独特的"神权绝对君主制"趋势。[②]

他把自己的目标定为创立模范修道院，出家人严格遵守教规和过修行生活。这种修道院与外界紧密地联系在一起，不与外界相脱

[①]　И.П. 赫鲁萧夫：《约瑟夫·萨宁、成德住持沃洛茨基著作研究》，圣彼得堡 1868 年版；Н.М. 佐洛图欣娜：《约瑟夫·沃洛茨基（政治和法律思想史料）》，莫斯科 1981 年版。

[②]　W.K.Medlin, *Moscow and East Rome. A Political Study of the Relations of Church and State in Moscovite Russia*, Geneve, 1952.

离。相反，他力图确立对社会活动各个方面的影响：在修道院院墙内培养引导国家精神生活的未来的主教和都主教；修道院在国家制度的建立上积极支持大公（后来是沙皇）政权；修道士进行经常的启蒙和文化活动，收集和缮写书籍，扶持绘画、刺绣和雕塑艺术；他们不在柴米油盐上分心，把自己的全部活动集中在精神领域，靠修道院农民的劳动养活，接受慷慨的捐赠，修道院本身及其领地表现为协调有序的封建经济。

约瑟夫·沃洛茨基的纲领与索拉的尼尔的纲领相比更切合实际，并更好地满足当时的社会生活要求，因此在以专制国家的全部威力扶持而稳定下来的封建关系条件下获得胜利。大公政权 15 和 16 世纪之交谋划推行的世俗化在 18 世纪才得以实现，宗教改革的风尚已然无存，俄国没有走上实现宗教改革的欧洲国家道路；在这个层面上它依然更像天主教国家，华丽的崇拜占主导、有众多的修道院、分支的教会层级和扶持整个这一体系的意识形态。

约瑟夫不仅是积极的实践家，而且是他所创建的流派的出色理论家，有近 40 篇各种体裁的著作，包括《教规》、《烛照者》和一系列书信。《烛照者》是约瑟夫派学说的集中体现。^① 它由 16 篇论说组成，内容一方面是激烈反驳异端分子，另一方面是积极阐述自身的观点。每篇论说都用于探讨异端分子的一个论点：否定圣三位一体学说；断言基督"不过是人，而不是神"；"应守持摩西律法"；"不应跪拜人手所造之物"（圣像、十字架、圣人像）；怀疑使徒书信的真实性；"毁谤出家人的生活"等。尽管有倾向性，但从根本上看，《烛照者》中所阐述的是与约瑟夫同时代且相当活跃的莫斯科 - 诺夫哥罗德异端运动的学说实质。有代表性的是，无论是批判，还是捍

① 约瑟夫·沃洛茨基住持：《烛照者，或斥叛犹派异端》，喀山 1903 年版。

卫中世纪思想体系与实践的标志物，都不是通过表现其不符合新的社会发展要求，而是用与原始的、最初的和根本的观点相参较的方式。中世纪思维类型的回顾性、传统主义和正统性迎面而来。[①]

约瑟夫·沃洛茨基著作的特点是：修道思想体系被政治化、严厉谴责异端分子并要求将其处死、力图巩固国家—教会政治组织的统一机制。同时他涉及各种神学哲学、伦理学、自然哲学和美学问题，力图作出实际使用起来方便理解的阐释。例如约瑟夫在《给某贵人论其仆书》中，把福音书关于爱邻人的思想解释为封建主必须关心其臣民："…… 就像体恤兄弟，要让他们衣食充足。"[②] 约瑟夫·沃洛茨基整体上表现为一位积极的个人，争取俄罗斯国家政治和思想上的统一，国家急需这种带保守倾向的权威思想家。

要指出的是，约瑟夫 - 沃洛科拉姆斯克修道院不仅是约瑟夫派的思想据点和中央政权的依靠，而且是大的文化中心，包括书籍文化在内。修道院丰富的手稿收藏现存于俄罗斯国立图书馆。[③] 其中有一部内容独一无二的 16 世纪中期第 522 号文集，Н.В.西尼岑娜对它进行了研究。文集收入《亚加为查士丁尼王所辑谏书释义》、《希腊王巴西尔给其子——利奥王的 66 篇训诫书》、《希腊哲人苏格拉底》注疏和《亚里士多德哲学家给马其顿王亚历山大的书信》注疏、君士坦丁堡牧首佛提乌和俄国都主教马卡里的书信、约瑟夫·沃洛茨基的作品和其他著作，它们为一个目的收集在一起：提供理论来源，

---

① M.H. 格罗莫夫：《关于研究古罗斯哲学的方法论》，见《质与道（庆祝 Н.В. 莫特罗希洛娃教授寿辰学术论文集）》，莫斯科 2009 年版，第 124—143 页。

② 《约瑟夫·沃洛茨基的书信》，А.А. 济明和 Я.С. 卢里耶整理，莫斯科—列宁格勒 1959 年版，第 152—154 页。

③ 第 113 号特别全宗包含 12 世纪起的 236 份手稿，里面有直接在修道院编的阅读集（见 Р.П. 德米特里耶娃：《16 世纪沃洛科拉姆斯克月书集》，见《古罗斯文学部学报》，第 28 卷，列宁格勒 1974 年版，第 202—230 页）。

某种对莫斯科国统治者的劝诫，论证国家的世俗和宗教权力统一的原则。①

在探讨绝财派和约瑟夫派这两个 16 世纪重要的思想流派时，必须要指出当时精神生活中的另一个派别——**异端运动**的意义。异端经常伴随基督教左右，正如对所有国家的任何其他思想体系一样，在中世纪社会经常采取封建制反对派的性质。在罗斯异端有各种形态，并有几种存在原因。首先是多神教的影响，尤其是在最初时期。如约瑟夫·沃洛茨基所写，"罗斯大地自古就笼罩在偶像狂热的阴霾下"（《烛照者》序言）。其次是和其他思想体系——天主教、新教、伊斯兰教、犹太教的代表者不断接触经常导致产生出宗教怀疑主义和迷恋其他宗教。再次是在欧洲广泛传播的市民宗教改革型异端开始渗透到罗斯，尤其是西部土地。对所有这些问题都作过不少研究。②

应指出 14 世纪诺夫哥罗德"斯特里戈尔尼克派"异端，它在 1375 年被粉碎，但存续到 15 世纪末。特维尔主教善良人费奥多尔、罗斯托夫的自由思想者马尔西安和其他批判官方教会及其教义基础和实际活动的人都发表过异端言论。最大的异端是 15 和 16 世纪之交的莫斯科-诺夫哥罗德异端，或被称为"叛犹派"异端（这样叫是因为崇奉旧约，也因为在诺夫哥罗德异端分子中有犹太人，包括从传播过宗教改革运动的立陶宛来的人）。

---

① H.B.西尼岑娜：《16 世纪抄本中的君士坦丁堡牧首佛提乌给保加利亚公米海尔的书信》，见《古罗斯文学部学报》，第 21 卷，第 96—125 页。

② H.A.卡扎科娃、Я.C.卢里耶：《罗斯 14 世纪至 16 世纪初的反封建异端运动》，莫斯科—列宁格勒 1955 年版；Я.C.卢里耶：《15 世纪末至 16 世纪初俄国政论里的思想体系斗争》，莫斯科—列宁格勒 1960 年版；A.И.克利巴诺夫：《俄国 14 世纪至 16 世纪上半叶的宗教改革运动》，莫斯科 1960 年版；A.库拉耶夫（辅祭）：《教派学科目》，圣彼得堡 2001 年版；Д.A.塔拉夫斯基：《1—21 世纪的基督教异端和教派》，莫斯科 2003 年版；B л.齐平（大司祭）：《教会法教程》，克林 2004 年版。

"皈犹派"异端变成具有全俄性的有影响的流派。加入它的有一些重要的教会活动家,其中包括俄国教会首脑佐西马都主教(1490—1494 年)。约瑟夫·沃洛茨基斥责他是"我国主教中的第一个叛教者","亵渎圣洁的圣母,诋毁一切圣人",把崇敬的圣像"贬为傀儡"(《给苏兹达利的尼方的书信》)。异端分子在伊凡三世的宫廷一度影响很大,但在 1504 年宗教会议后,"皈犹派"异端遭到粉碎而解体,仅留下一些个别表现。[①]异端分子的领袖是一些很有文化的人,使用神学、哲学、星象学和其他书籍。他们本着市民异端的精神否定崇拜圣像、修道生活、教会组织和正教个别教义原则,表达出关于人、信仰和民族平等的人道主义思想,批判地对待正教的正统精神。

异端分子马特韦·巴什金和斜眼人费奥多西在 16 世纪中期在俄国舞台上出场。巴什金本着福音书里的爱邻人的精神,"撕毁"农奴的卖身契并放他们自由,表现为一位反三一论者和反圣像崇拜者,批判教会等级制。他在 1553 年宗教会议上被判有罪,被关进约瑟夫修道院。斜眼人费奥多西是一个逃跑的农奴,在基里尔白湖修道院出家。他在 1554 年宗教会议上被判有罪,从关押地逃往立陶宛,在那里成为一位著名的自由思想者。费奥多西创立"新说",反映贫苦农民的利益,发展关于"宗教理性"和人的平等思想:"所有人都和上帝的本质相同,不管是鞑靼人、德意志人还是其他蛮族"(斜眼人的学说在济诺维·奥坚斯基的《长篇书信》中被批判性地阐述)。尽管异端运动被粉碎,其代表人物被判有罪并经常被处死,但其非传统的、反教条的和自由思想的理念仍在社会上激起自由思考的兴趣。

[①] G.Vernadsky, The Heresy of Judaizers and the Policies of Ivan III of Moscow, *Speculum*, V, III, 1933.

异端分子客观上促进了社会意识整体上的提高。在同他们的斗争中也发展出与他们论辩的派别："异端运动在俄国社会思想史上留下深刻的印痕，对直接反对异端的人的哲学观点有一定影响。"[1]

尽管异端和官方思想体系互不相容，却是统一的俄国社会精神发展过程的两个方面，需要在15—16世纪祖国文化的大背景下共同探讨，相互对立和互相补充的约瑟夫派和绝财派同样如此。高估或者低估这一时期统一复杂的社会和智力演变过程的任何一方，都只会导致对祖国思想发展的总体情况作出有倾向性的歪曲。在这里要补充的是，异端可以扮演在任何社群中都必需的反对派角色，但却没有能力代替传统的宗教意识的稳定发达体系及其相应制度。

在正统的约瑟夫派代表人物中应指出都主教丹尼尔，约瑟夫·沃洛茨基所创建的修道院住持职位的继任者，后来是俄国教会首脑（1522—1539年），之后被贬黜，1547年以一介出家人之身死在那座约瑟夫-沃洛科拉姆斯克修道院。[2]教会的主宰者是希腊人马克西姆的迫害者，大公的红人，喜爱名誉之人，同时也是一位多产的著作家，"16世纪最大的一部史学文献"——尼康编年史汇编的编纂者[3]，非常爱智慧的人和藏书家。正是在他的指示下，尼古拉·布列夫从德语印刷版（吕贝克1492年版）翻译了成为罗斯第一部医学译著的《药典》。他写有几十篇论说、书信和训喻，包括论著《论哲学精要》，在大马士革的约翰六种哲学定义之外（教父学杰出代表在《知识的泉源》中所阐述的），又增加了自己的三种。

丹尼尔在书信中劝诫"不要自作聪明"，不要迷恋空虚的"外

---

① 《苏联哲学史》，第1卷，莫斯科1968年版，第205页。

② B.日马金：《都主教丹尼尔及其著作》，见《俄罗斯历史和古代文物协会论丛》，第1—2卷，莫斯科1881年版。

③ Б.М.克洛斯：《尼康汇编和16—17世纪的罗斯编年史》，莫斯科1980年版，第7、88—103页。

表"和"身体"的智慧，而要融入"拯救的智慧之爱"，以便止息自己的不良嗜好，"悠然爱智慧于欲望之上"。为了冷却激起的意识之火，他建议走出家门，看看没有尽头的世界，投入上天所定的和谐："如果你想冷静一下，就请走到屋外，看看天、太阳、月亮、星星，白云上下翻卷，看到其中的善你会冷静下来，并称颂创造它们的基督上帝。这才是真正的爱智慧。"[1]

16世纪有许多鲜明的人物。我们再来注意他们中与哲学和社会政治思想有关的一位。在我们面前的是伊万·佩列斯韦托夫——来自立陶宛的俄国小地主贵族，曾经向伊凡雷帝上书改革方案，要把俄国改造为欧洲君主国样式的发达国家。他在自己的著作（《察里格勒建立和被占领记》《穆罕默德苏丹轶事》《希腊哲学家和天主教博士的智慧》《大奏章》）中拥护社会"公义"、人的公民尊严原则和各阶层的平等，在与有智慧的教导者相商的开明国君领导下，实行为了共同福利的积极改造活动。[2]

总结以上所说，要指出的是，在以莫斯科为中心的俄罗斯国家建立和巩固时期，作为对已有的哲学和哲学家观念的补充，需要增加一些与一系列情况有关的新的细微差异。在拯救和捍卫祖国的危机情势下，需要一类把权力能力和社群智慧结合起来的政治领袖。其理想化样式表现在亚历山大·涅夫斯基公的形象中，让人想起有名的"哲学王"熟语，出自于伟大的亚里士多德培养出来的英雄人物马其顿的亚历山大。除了古代对形成统治者形象的影响之外，还表现出受人尊敬的圣经里的大卫王和所罗门王的作用，他们成为旧约智慧的典范。

---

① B. 日马金：《都主教丹尼尔及其著作》，附录，第25页。
② A.A. 济明：《伊·佩列斯韦托夫及其同时代人》（俄国16世纪中期社会政治思想史论文集），莫斯科1958年版。

政治成分经常出现在所探讨时期的哲学家形象组成当中，这在伊凡雷帝和安德烈·库尔布斯基的例子中看得出来，他们就国家建设、权力特点、历史进程的意义等进行论战。两人都是出类拔萃的政治思想家，并且被贬黜的公爵还是祖国传统中的逻辑知识创始人之一，这一点较少为现代读者所知。

与静修主义传播有关的苦修派是古罗斯思想发展中的重要派别。它尤其鲜明地表现在索拉的尼尔关于欲望、"心灵修行"和"智慧祷告"的学说中。像自己的前辈、绰号哲学家的西奈的尼尔一样，本国修行者深入人的心理当中，目的是人的道德完善和处于不断斗争中的灵魂和身体达到和谐。静修主义表现在圣像画家希腊人费奥凡和安德烈·鲁布廖夫、圣徒传作者圣叶皮凡尼、启蒙者彼尔姆的斯特凡和其他一些14—15世纪民族复兴时代活动家的创作当中，他们经常被称为哲学家和哲人。

希腊人马克西姆在16世纪整整一代的祖国思想家中脱颖而出，他是"了不起的哲学家"，所探讨的时代的人文知识头号和最全面的代表。他融合了拜占庭、文艺复兴和古罗斯文化传统，是出色的翻译家、语文学家、神学家，表现为享有无上权威的思想家典范。他发展了语言学说，认为语言和思维不可分离，在俄国本土巩固了基于旧的柏拉图传统的对话哲学研究方式，把许多源自希腊语和拉丁语的名字、思想和观念引入俄罗斯人的意识当中。他的饱经忧患的一生和越来越大的哀荣是俄国哲学家命运的缩影，在那里强硬的政治和意识形态体系不能忍受不同思想和博学多识。

除考虑到逐渐减弱的拜占庭影响和逐渐增强的西欧影响这两种定位以外，还必须注意到东方题材在祖国文化中的出现。它们在蒙古入侵以前的时期已有迹可循，随着了解亚洲不同文明的成就和俄国变为欧亚大国而逐渐加强。古罗斯读者已经知道"罗门"是印度教的赤身哲人，了解到基督教化版本的佛教学说，幻想着远在东方的地上天堂。阿法纳西·尼吉丁的《三海纪行》介绍来伊斯兰教和其他文化传统，有助于形成更加广泛和包罗万象的世界观，这正是哲学在各个时代从开头所追求的，因为在哲学中从开头就存在"对他者的开放"。①

第三章　莫斯科罗斯时期的怀智慧者

---

①　G. 马塞尔：《哲学的悲剧智慧》（选集），Г.M. 塔夫里江译自法语、编选并作引言和注释，莫斯科 1995 年版，第 184 页。

第四章　巴洛克格调的哲学家与哲学

继俄国 15—16 世纪发达的中世纪之后到来的是 "动荡" 不安、充满戏剧性的 17 世纪——从传统的封建社会文化向欧洲近代类型的文化过渡的世纪。但同时，文学、绘画和建筑史家按主要的类型性特征却依然把它归入古罗斯时期，认为它是在彼得以前的几个世纪发展的结束阶段。在新的百年伊始发生了留里克统治王朝的覆灭和残酷的权力斗争的悲剧性事件，闹过几年饥荒，开始了名声悲惨的混乱时期，这个时期意味着国家和社会生活一切领域的制度危机，直至失去独立、莫斯科沦陷、中心城市和土地沦丧、人员大量死亡、国家人口减少。

当时创作的一篇历史性著作有一个悲惨的标题——哀莫斯科国家被占领和彻底沦丧，令人想起拔都入侵时期的《罗斯大地覆亡记》。"煊赫盛极的俄国" 出人意料的倒台和衰败使这位姓名不详的作者受到震动，就在不久前它还在觊觎 "第三个罗马" 的角色："没有一本神学家写的书，或圣徒传，也没有一本哲学书，或帝王纪，或年代志，或历史书，也没有其他的叙事书，告诉我们有哪个朝代、王国和公国，遭受过至高无上的俄国所受到的这种惩罚"。[①] 国家被立窝尼亚战争失利所削弱，因特辖军团暴虐而失血，陷入力图建立

---

① 《混乱时期的古罗斯文献》，列宁格勒 1925 年第 3 版，第 219—234 列。

其统治的王公贵族之家的氏族争斗，堕入内讧与内战的泥潭。作者认为，上帝之剑斩向俄国是因为它的统治者和人民的罪过。

在另一篇题为《外记》的匿名作品中，世纪之初的事件被描写为善与恶、荣誉与背叛、英勇与怯懦的不可调和的冲突。自称伊凡雷帝（俄国那时笼罩在他的阴影下）儿子的冒险家格列高利·奥特列皮耶夫被比作"狡诈的异端头子"阿里乌。他读了许多异端书籍，满脑子都是撒旦的计谋，祸害了许多人，把整整一些民族的人卷进他的罪恶勾当。他以广袤的俄国土地引诱波兰人和立陶宛人，用削减不堪承受的捐税和推翻不受人爱戴、"在莫斯科篡夺沙皇宝座"的鲍里斯·戈东诺夫迷惑同胞。他向姆尼舍克家族许下重赏，幻想让工于心计的美人玛丽娜当上全俄国皇后。在错综复杂的各种势力下冒名者既成为从上天劈向不义之国的惩罚之剑，同时也成为自己的疯狂计划的牺牲品。[①]

翻译文学对 17 世纪上半叶历史哲学观念的形成产生影响，尤其是按世纪初的手稿知道的论著《论王国覆灭的原因》。这部作品在当时非常流行，见证这一点的是在彼得大帝的御书房有它的一份抄本。在该史料中出现几位哲学家的形象：柏拉图，认为"任何王国都有天赋和自然的开端"；色诺芬，认为国家灭亡的原因不是客观原因，而是统治者的主观任性，因为"他们的不义使任何王国变质和灭亡"；亚里士多德，在他看来权力应该在合理的限度内，"职司者之力才能把握得当"；契罗，劝那些想要当善良的统治者的人要关心的是，"让他的臣民爱戴他，不是出于害怕，而是出于仁慈"。此外，在这份重要的政治思想作品中还提到第欧根尼、所罗门、西塞罗、地米斯托克利、狄摩西尼等从前的著名人物的名字，他们因明智的

---

① 《混乱时期的古罗斯文献》，列宁格勒 1925 年第 3 版，第 1—144 列。

思想和称职的事迹而受人尊敬。

　　国家从沦丧的混乱中艰难地走出来。建立合法的政权是稳定的保证。公认的统治者只可能是"从自己祖先那里继承宝座和按古代的习俗加冕的人，或者是整个国土上的全体人民选出来的人，像米哈伊尔·罗曼诺夫那样"。① 有什么样的沙皇，就有什么样的国家，因此国家元首、他的当选和统治、对臣民的态度应该建立在法度和道德的牢固基础上，而不是建立在专横跋扈和不道德的行为上。"雷霆万钧"的沙皇伊凡四世的专制统治被注意到，他不听"了不起的哲学家"希腊人马克西姆的明智劝告，尽管公平起见应指出，独揽大权将成为我国的慢性灾难。

　　在这一时期社会上对所发生的事件、权力的原则、它的合法性和合理性进行思考。该过程与评价具体的统治者的活动有关。如在托在谢苗·沙霍夫斯科伊公爵名下的《编年记》中，给出对俄国沙皇的鲜明和相当客观的描述，从伊凡雷帝开始到瓦西里·舒伊斯基结束。后者的相貌看起来很不光彩："瓦西里沙皇个子小小的，样子很丑，老眼昏花；书中的道理懂的不少，头脑也灵光；既吝啬又抠门儿；平生就喜欢在他耳朵边上进谗言，他听得一脸高兴，美不滋的；在求神问卜上用心，却不关心自己的士兵。"②

　　滑头、听信谗言、不关心士兵却喜欢占卜的沙皇形象与古罗斯文学中所表现的理想的统治者形象相去甚远。也许，这正表现出对瓦西里·舒伊斯基这位不合法的国君的评价，他靠外部的客观条件和天生的阴谋诡计偶然地登上权力顶峰。也许，文章的作者沙霍夫

---

① А.С. 叶列昂斯卡娅、О.В. 奥尔洛夫、Ю.Н. 西多罗娃、С.В. 捷列霍夫、В.И. 费奥多罗夫：《17—18 世纪的俄国文学史》，莫斯科 1969 年版，第 44—45 页。

② М.В. 库库什金娜：《谢苗·沙霍夫斯科伊——混乱时期记事的作者》，见《文化作品（新发现）》，第 75—78 页。

斯科伊公爵在复杂的政治势力格局中不站在被他刻画得如此不堪的短命沙皇一边。不管怎样，这种落在纸上的对现实统治者的描述，都见证出权力及其代表者观念的复杂化。

17 世纪的典型特点是文字创作及其书目、体裁和风格的扩大。在这个层面上宜注意伪经文学，它包含各个不同方面的很有意思的情报，包括在我们感兴趣的方面。这种情报很少以明显的方式出现，而经常以隐蔽的、暗含的和加密的形式出现。现在我们来转向祖国文学中这一有几世纪传统的重要积淀。

17 世纪以前在罗斯书翰中积累了大量体裁各异的伪经著作：《蒙师》《亚里士多德门》《盖伦驳希波克拉底》《佐西马访罗门记》。关于它们有大量研究成果[①]，出版了许多文献[②]，但对伪经的研究工作依然不够，尤其是在哲学层面上，尽管它们正是在哲学角度上构成古罗斯遗产最重要的史料之一。

伪经（源自希腊语 ἀπόκρῦφος "隐蔽的""隐含的"）最初指这样一些作品，其中较详细地讲述"在正经中有时仅一笔带过或描写得不够清楚的"[③]人物与情景。在这个层面上伪经传统上分为旧约伪

---

① Π.B. 弗拉基米罗夫：《对伪经——19 世纪下半叶俄语读物里的伪书的科学研究》，基辅 1900 年版；O.A.de.Santos, *Die Handschriftliche Überlieferung der Altslavischen Apokryphen*, Bd. 1, Berlin-N. Y., 1978；Б.A. 乌科宾斯基：《斯拉夫文物领域的语文学探究》，莫斯科 1982 年版；P.A. 西蒙诺夫：《罗斯星象学书翰》（11 世纪—18 世纪前二十五年），莫斯科 1998 年版；B.B. 米利科夫：《古罗斯伪经》，圣彼得堡 1999 年版（专著中除史学编和理论编外，还刊载了几部伪经文献的原文和现代俄语译文）。

② A.H. 佩平：《罗斯古代的假经和伪书》，圣彼得堡 1862 年版；H.C. 吉洪拉沃夫：《罗斯的伪经文学作品》，第 1 卷，圣彼得堡 1863 年版；第 2 卷，莫斯科 1863 年版；M. 索科洛夫：《斯拉夫古代文学材料和笔记》，第 1—5 辑，莫斯科 1888 年版，Π.A. 拉夫罗夫：《伪经文献》，圣彼得堡 1899 年版；M.H. 斯佩兰斯基：《伪书史料》（1—4），圣彼得堡 1899—1908 年版；A.Γ. 博勃罗夫：《古罗斯文学和书翰中的伪〈阿弗洛狄提安轶闻〉》，圣彼得堡 1994 年版；《古罗斯伪经：文献与研究》，莫斯科 1997 年版；E.H. 梅谢尔斯卡娅：《伪使徒行传》，莫斯科 1997 年版。

③ H.A. 梅谢尔斯基：《古斯拉夫罗斯文献里的伪经（旧约伪经）》，见《苏联保存的斯拉夫罗斯手稿编目方法指南》，第 2 编，第 1 册，莫斯科 1976 年版，第 183 页。

经[①] 和新约伪经[②]。由于各种原因而不被教会认可的各种不同的著作逐渐开始被列入伪经。其中收入星象学、炼金术、历史、自然哲学、占卜和其他许多书籍。开始编制专门的禁书索引。最早的一份含在《1073 年文选》里出现在祖国文献中。[③]

伪经一脉（表现在文献典籍、口头传说和艺术作品中）在总的中世纪文化潮流中与官方路线相背，以多样性、探索性思想和非正统式思维来补充后者。它早在基督教以前时期开始形成于东地中海，纳入许多哲学学派和宗教学派的学说，成为独特的"本体论和道德不安定"的来源。[④] 逐渐形成东西方各民族在许多方面共同的经过翻译、补充和获取新异文的伪经文学积累。在斯拉夫文献中有几十种基本题材。[⑤]

在古罗斯场景中从基辅罗斯时起积累了大量伪经文学作品，但基本上是按 17—19 世纪的晚期抄本流传下来。如《基里尔书》（1644 年在莫斯科印书馆出版）这种重要的史料能够见证在 17 世纪对这些作品的态度。[⑥] 该书由天使长大教堂的大司铎米哈伊尔·罗戈夫"和其他挑选出来的人，奉沙皇和牧首之命，为驳斥拉丁人、亚美尼亚人和德意志人诸异端"而编写。这部厚厚的文集有近 600 张，由 48 章组成，开篇是《亚历山大城的基里尔论敌基督》，前面有一

---

① И.Я. 波尔菲里耶夫：《有关旧约人物和事件的伪经传说》，喀山 1872 年版。

② И.Я. 波尔菲里耶夫：《按索洛韦茨基馆藏手稿有关新约人物和事件的伪经传说》，圣彼得堡 1890 年版。

③ Н.А. 科比亚克：《罗斯文献里的伪书和禁书索引》，见《古罗斯文学（史料研究）》，列宁格勒 1984 年版，第 45—54 页。

④ A. Naumov, *Apokryfy w Systemie Literatury Cerkiewnoslowianskiej*, Wroclaw, 1976, S. 75.

⑤ А.И. 亚齐米尔斯基：《南方斯拉夫和罗斯文献里的伪经书目概览》，第 1 辑，彼得格勒 1921 年版。

⑥ A. 利洛夫：《论所谓基里尔书》，喀山 1858 年版（对旧礼仪派对该书的恭敬态度给出批判性分析）。

个引言部分。在引言中包含一份很长的书籍索引。[①]开头是正经和推荐阅读的所尊之书名单，其中有不少是含哲学内容的："亚略巴古的狄奥尼修斯的书…… 大马士革的约翰…… 督主教约翰…… 天梯约翰…… 斯拉夫的基里尔…… 认信者马克西姆…… 希腊人马克西姆…… 蜜蜂集…… 宝鉴…… 希坡城主教奥古斯丁…… 查士丁哲学家……"在这份名单中引起注意的是对哲学和神学思想杰出代表的尊敬态度，其中有大马士革的约翰、康斯坦丁 - 基里尔哲学家、希腊人马克西姆和圣奥古斯丁，他们的作品被推荐阅读。前几位的著作不难得到，至于说最后一位，则他的作品到前彼得时代才开始借着从拉丁语和波兰语翻译的文本零星地出现在罗斯文化中，尽管他的名字从很早就被知道。

接下来是禁书名单，包括三个部分："假经"（"族谱。亚当。以诺…… 圣母蒙难记"和其他最初意义上的伪经）；"邪书"（"占星，也称星象，天文，量地，术士…… 卜筮，占梦，打卦"——星象和占卜书籍）；"伪书"（"马人神话与志异。阿布加尔书信"和其他一些情节层面的著作）。

两份名单——无论是所尊之书还是否弃之书——都醒目地见证着这些书在彼得以前时期的书目。在很长的禁书名单中我们来简要探讨一组归在"伪书"之列、以《亚当受造各部分问与答》为题的作品，其影响在包括《深义书》在内的一系列文献中可循。亚当受造的伪经传说具有的不仅是人类学和自然哲学意义。亚当，"创造的桂冠"，对中世纪读者而言不惟是第一人，而且是第一个哲人，他给植物和动物起名字，充满造物主的意志和理性，敢于品尝识善恶树上的果子。亚当的形象在中世纪读物中被广泛使用，在启蒙时代则

---

① 《基里尔书》，莫斯科 1644 年版，第 1—8 张（第二编号）。

被补充上"新亚当"的形象，按共济会说法他受命成为未来的人的理想。在教父传统中有时把基督称为给人类带来拯救的"新亚当"。

关于微观和宏观宇宙、人和产生他的大自然相统一的宇宙生成论奠定了亚当受造情节的基础。[①] 它既和古代的原质说、也和许多民族年代久远的神话观念有关。例如，在德意志中古诗歌中描写人怎样由造物主从以下自然物中造出来："他从黏土中给人身体，由露水中造汗，由石头中造骨，由绿树中造指甲，由根中造筋脉，由草中造毛发，由海中造血，由云中造思想。"[②] 在西欧、东方和斯拉夫手稿的许多作品中都包含这一情节的大量异文。

我们举 A.H. 佩平引入学术研究的名为《上帝造亚当轶闻》的伪经为例。[③] 其中讲述人按以下方式受造："在米甸造人，取一撮土，由八部分造：（1）由土中造身体，（2）由石头中造骨，（3）由海中造血，（4）由日头中造眼，（5）由云中造思想，（6）由光中造亮，（7）由风中造气息，（8）由火中造热。"[④] 接下来讲述上帝与魔鬼的夺人之战，造夏娃，人的疾病和年岁，世界服从人，以及以最早的人在天堂里逗留为原型的世界历史时期。

从中造人的八部分本身是经过转化的古代原质说，它在一些诺斯替学派里发生改变，里昂的爱任纽关于这一点在《论八》中写道："据说，开始时按天上的四的样子造成四种原质：火、水、土和空气；如果再加上各自的作用，即：热和冷，干和湿，则构成对八的

[①] A. Meyer, *Wesen und Geschichte der Theorie von Mikro und Makrokosmos*, Bern, 1900.

[②] B. 莫丘利斯基：《对关于〈深义书〉之诗的文学史分析》，华沙 1887 年版，第 80—81 页。

[③] A.H. 佩平：《罗斯古代的假经和伪书》，第 12—14 页（在一组七个关于亚当和夏娃的伪经传说中排在第六）。

[④] 俄罗斯国立图书馆 17 世纪手稿。鲁缅采夫，№ 370，第 147—148 张。

准确描画"。^① 有趣的是，人的思维、思想、理性在类似的著作中更多地和云联系在一起。这更应该说是圣经里的形象，作为上帝与人交往的象征、最高智慧的荫庇、天与地的中介。^②

一个不长的片段《哲学家论理智》见证着人以其活跃的理性四处奔驰的能力。理智，"端坐在头脑中"，被刻画成身体的主宰，掌管一切念头："理智是无形的，纵然在小身体里，却走遍大地，飞上高天。乘怎样的翅膀升高，由哪条路径而上？腾云驾雾，飞越满天星斗；一览胜境，却还在身体当中。"^③ 在督主教约翰《六日说》中也有相似的思想。

人的受造问题在包括问答录在内的其他许多伪经著作中被思考。例如，在按 17—18 世纪抄本的《三圣谈》中，对"亚当由几部分受造"的问题以大巴西尔之名给出以下回答："由八部分：（1）由土中造身体；（2）由石头中造骨；（3）由红海中造血；（4）由日头中造眼；（5）由云中造思想；（6）由东风中造毛发；（7）由光中造气息；（8）主本人给他吹进灵魂，使看得见和看不见的，水里的和山上的，地上的和空中的，都听从他。"^④

在一份按 1713 年抄本的乌克兰文献《问与答》中我们看到几乎同样的情景。^⑤ 这种观念也活到近代，但主要是在不很乐于接受现代自然哲学学说和在许多方面保守中古世界观的民间。例如，反仪式派在 19 世纪下半叶还依然认为，"人的身体出自土，骨出自石，筋

---

① 里昂的爱任纽：《驳异端》，П.А.普列奥布拉任斯基译自拉丁语，莫斯科 1868 年版，第 79 页。

② М.Н.格罗莫夫：《亚当受造伪经释义》，见《古罗斯文学部学报》，第 42 卷，列宁格勒 1989 年版。

③ 俄罗斯国立图书馆 15 世纪末—16 世纪初手稿。鲁缅采夫，№358，第 276 张及背面。

④ А.Н.佩平：《罗斯古代的假经和伪书》，第 169 页。

⑤ I.Франко, *Апокрифи і легенди з українських рукописів*. Т. IV. *Апокрифи есхатологічні*. Львів, 1906. С. 18.

脉出自根，血出自水，毛发出自草，思想出自风，恩典出自云"。①

古罗斯伪经文学有不少哲学性的形象、象征和观念，按中世纪的语义规则给它们加了密。伪经中也包含医学书籍，保留下来的民间秘方、翻译的医书、卦辞以及古代和中古自然哲学著作的片段，其中援引盖伦、希波克拉底和亚里士多德把人看作自然的存在物。②

辞书文献是研究古罗斯思想史的最重要的史料：专名词典、象征（喻义）词典以及斯拉夫语、希腊语、古希伯来语、拉丁语、波兰语等多种语言的术语解释词典。③ 词诠作为涉及面广、有时带插图的手稿资料在 17 世纪获得广泛传播，并且不仅是语文学内容的、而且是百科全书内容的，表现为"解释者智慧的聚集地"。④ 它们从早就引起研究者的注意 ⑤，但到目前研究得还很薄弱，原因是内容复杂和有大量成分不断变化的抄本，在抄本中不断写入新知识、更正旧知识并增加附录。

词诠有各种开本，从口袋书到对开张（in folio），容量从 100 张到 600 张，有的装饰着细密画，里面有各种图表、配方和指南。

---

① Н.Ф. 苏姆佐夫：《南俄伪经传说和歌曲史概要》，基辅 1888 年版，第 31 页。

② Л.Ф. 兹梅耶夫：《罗斯医典》（我国古代医学文献研究），圣彼得堡 1895 年版；Н.А. 博戈亚夫连斯基：《11—17 世纪古罗斯医术》，莫斯科 1960 年版；П.Е. 扎布卢多夫斯基：《祖国医学史》，第 1 册，莫斯科 1960 年版；《一本名为〈沁草园〉的书》，Т.А. 伊萨琴科编选，并作序、引言、译文和注解，莫斯科 1997 年版。

③ Л.С. 科夫通：《中古时代的罗斯辞书》，莫斯科—列宁格勒 1963 年版；另著：《莫斯科罗斯 16 世纪至 17 世纪初的辞书》，列宁格勒 1975 年版；另著：《古代词典是俄国词汇学史料》，列宁格勒 1977 年版；С.К. 布利奇：《俄国语言学史纲》，第 1 卷，圣彼得堡 1904 年版；М.И. 苏霍姆利诺夫：《古代俄国的语言学》，圣彼得堡 1854 年版。

④ Л.С. 科夫通：《古代辞书文献里的词诠及其出版问题》，见《古罗斯文学部学报》，第 36 卷，列宁格勒 1981 年版，第 7 页。

⑤ Н.И. 巴塔林：《古罗斯词诠》，见《语文学丛书》，第 3、4 辑，沃罗涅日 1873 年版；А.В. 普鲁萨克：《帝国公共图书馆手稿部保存的词诠编目》，彼得格勒 1915 年版；М.П. 阿列克谢耶夫：《17 世纪罗斯词诠里的外国语词典》，列宁格勒 1968 年版；等等。

A.卡尔波夫为索洛韦茨基收藏品中的九部词诠编目，从中划分出语言学、文法学、哲学、书目学、历史学、神话学、象征学、地理学、民族志、矿物学、植物学、动物学、鸟类学和鱼类学等各门知识。[①]词诠中有不少百科全书和哲学内容的情报。[②]

我们举一些典型的例子。关于享乐派写道："伊壁鸠鲁派：雅典有位叫伊壁鸠鲁的哲学家非常有名；雅典人为他建了明亮的殿堂，那个学堂里的人就叫伊壁鸠鲁派哲学家。"[③]援引希腊人马克西姆解释以下术语："智，释义——哲；智者，释义——哲人。"[④]对"欲"这个词的多元语义解释如下："欲有各种度：既是欲望和痛苦，也是重疾，轻伤，灾难。"[⑤]在《关于不可知物问与答》一节下引用尼尔哲学家的五种心灵感觉（理智、含意、言论、幻想、情感）和五种身体感觉（视觉、嗅觉、听觉、味觉、触觉）学说。[⑥]我们按一份手稿举几个一般文化和哲学意义的概念："作者——工匠"；"会战——战争，或兵事"；"回声——空气响"；"金水河——埃及的尼罗河"；"属性——质的存在"，"物质——自然物"。[⑦]

我们再从按17—18世纪手稿的古罗斯词诠中摘出几段引文。首先来看俄罗斯国立图书馆吉洪拉沃夫收藏品中第1号下的手稿。正文前有一篇序言，讲清该书作为从翻译文学中借鉴来的术语辞书手册的意义，它们需要作专业的解释："让各层次、各年龄和各级别的

① A.卡尔波夫：《按索洛韦茨基图书馆抄本的词诠或外国语词典》，喀山1878年版。
② M.H.格罗莫夫：《古罗斯词诠是百科全书思想文献》，见《科学与技术文献》(1985)，莫斯科1986年版，第177—186页。
③ 俄罗斯国立图书馆17世纪手稿。吉洪拉沃夫，№473，第55张背面。
④ 俄罗斯国立图书馆17世纪手稿。温多利斯基，№978，第96张背面。
⑤ 莫斯科大学科学图书馆17世纪手稿。№250，第182张背面。
⑥ 俄罗斯国家图书馆17世纪手稿。Солов.13/13，第217—218张。
⑦ 国家历史博物馆17世纪手稿。休金，№151，第58张、第77张背面、第120张、第130张、第135张背面和第181张。

阅读圣书的正教读者和有意者，不致在理解我们斯拉夫人不容易理解的外国语和诗歌上产生错误"。下面按音序举几十条术语、姓名和表述，包括具有哲学和一般文化意义的："阿那克萨哥拉。释义：希腊人中有位老师叫这个名字…… 气禀——灵魂…… 基石——柱子的底座…… 维吉尔——巴比伦迁徙时期 5042 年（公元前 566 年）的希腊哲学家…… 发生——希腊语世代记的叫法，希腊语也这样称创世记…… 辩证法。释义：两言争辩之书…… 宝鉴。释义：宝镜书。哲学家菲利普 6603 年（1095 年）在斯摩棱斯克城写下这部宝鉴书…… 毕达哥拉斯——5360 年（公元前 248 年）的希腊哲人…… 普罗米修斯——嫩的儿子约书亚时的希腊哲人。他懂古代人的文法哲学…… 技艺和智谋。技艺指的是各种手工技巧。智谋所称的是文法、修辞、哲学等等…… 性——质。"①

我们按这一收藏品中的另一份手稿读到："哲学家——爱智慧者。哲学——爱智慧。哲学可分为四种：曰文法，曰修辞，曰成城，曰治家…… 诡辩家——智者。智辩家——哲人。智——哲…… 偶——二者成对，如兄弟二人，或夫与妇，或身与心…… 空虚。释义：饱食终日而无所事事，如徒有其名，而未有其实…… 伪——假。"②

能够举出许多类似的或简或繁的例子。它们包含在几十种古罗斯词诠里面，这些书没有出版（除少数例外，通常也是片段），压根儿不为哲学家所知。这种情况再一次提醒我们，对俄国中世纪哲学史料库的研究多么薄弱，其中蕴藏着多么丰富的可能性。③

人们关于社会、自然和人的观念在 17 世纪变得复杂。关于正面

---

① 俄罗斯国立图书馆 17 世纪手稿。299 号全宗，吉洪拉沃夫，№1。
② 同上书，№338。
③ M.H. 格罗莫夫：《作为哲学史料的词诠——发生、结构、内容》，见《哲学史年刊》（1989 年），莫斯科 1989 年版，第 194—215 页。

和反面角色的直线观念被取代，从而形成对人本身的易变性及其矛盾本质的理解。在《祸殃记》中出现梅菲斯托费勒斯角色形式的这种祸本身，它"在这个世界上智慧超过"所有人。少年格列高利的不幸爱情的罗曼史出现在《特维尔的奥特罗奇修道院记》中。《弗洛尔·斯科别耶夫记》中的下诺夫哥罗德小官人奇遇记很像流浪汉小说。[1]

按文艺复兴精神的讽刺小说译文集《滑稽故事》在罗斯场景中变得十分走俏，里面有不少关于哲学家（第欧根尼、亚里斯提卜、苏格拉底）的讽喻故事，以及包含智者语录的本尼亚什·布德内的《格言集》。[2]伟大的波兰学者和思想家尼古拉·哥白尼的理念在俄国通过几种出版物开始为人所知，尤其是通过波兰天文学家扬·赫维留《月面学》的译本。

17世纪末以前俄国已有不少欧洲作者的译本（意大利自然学家维萨里《论人体结构》、荷兰天文学家琼布劳《大地图》等），亚里士多德、圣奥古斯丁、大阿尔伯特、鹿特丹的伊拉斯谟等的著作开始零星地被人所知，已经有关于欧洲大学（索邦、剑桥、牛津）讲授哲学的情报。罗斯翻译活动的态势很有特点：16世纪有26部、17世纪上半叶有13部、下半叶有114部译作，其中仅37部是宗教内容的。[3]

现在我们来转入分析反映在俄国哲学思想发展和关于哲学家的观念中的社会运动。17世纪的头号事件是正教会的分裂和在此基础上产生的两派几世纪的斗争——一派是受国家制度的全部威力扶持

---

① 《文选——古罗斯文学作品集》，莫斯科1969年版，第626—683页。

② O.A.杰尔查文娜：《滑稽故事》（17世纪俄语读物里的翻译小说），莫斯科1962年版。

③ 《苏联史概要》（封建时期。17世纪），莫斯科—列宁格勒1955年版，第562页。

的官方宗教思想体系，另一派是遁入民间、表现各异、有反对派情绪的旧礼仪派运动。

关于教派分裂、旧礼仪派和相互论战有大量的出版物来谈。如果说在它们当中整体上对占统治地位的教会与国家的思想体系有相当明确的评价，那么，对旧礼仪派思想体系的界定则五花八门：既是表达"人民群众对自身状况不断恶化的不满"[①]，也是人民对教会与国家压迫的抗议[②]；既是对统治集团的"地方自治反抗"[③]，也是遁入"林中"的俄国生活底层[④]；既是"俄罗斯人民族自我意识的体现"[⑤]，也是关于"时辰将尽"的启示录悬想[⑥]；是捍卫共同的"神权国家理想"以对抗尼康牧首提出的强硬管理手段[⑦]。

在被称为教派分裂和被比作俄国所遭受的"深刻心理创伤"[⑧]的历史剧中心站着三个人物：尼康牧首、沙皇阿列克谢·米哈伊洛维奇和大司铎阿瓦库姆。他们都是出色的祖国历史和文化活动家，具有哲学思维养成，饱读神学书籍，但却站在不同的立场上。决心置"神权于王权之上"、让沙皇受自己影响的贪权的俄国教会首脑尼康牧首（1605—1681年）俗名尼基塔·米诺夫，论出身是下诺夫哥罗德县莫尔多瓦人村的普通农民。他从1653年起开始积极推行教会改

---

①《普列汉诺夫文集》，第20卷，莫斯科—列宁格勒1925年版，第335页。

② А.П. 夏波夫：《俄国的旧礼仪派分裂》，喀山1859年版。

③ В.В. 安德烈耶夫：《教派分裂及其在俄国民间史上的意义》，圣彼得堡1870年。

④ П.И. 梅利尼科夫－佩切尔斯基：《教堂派史话》，第1部，莫斯科1864年版；长篇小说《林中》《山上》。

⑤ И.А. 基里洛夫：《旧教之公义》，莫斯科1916年版。

⑥ Г. 弗洛罗夫斯基：《俄罗斯神学之路》，明斯克2006年版，第70页。

⑦《尼康牧首——俄国教派分裂的悲剧》，莫斯科2006年版，第488页。

⑧ С.Н. 格林奇科娃：《是教派分裂还是"俄国宗教改革"的失败？》，莫斯科2008年版，第18页。

革，目的是使教会划一并与希腊和南方斯拉夫正教接近。[1] 他把自己抬高为"俄国教皇"，想要最终使俄国成为世界强国，而自己实际成为它的统治者，却在最痴心妄想的计划上不可避免地失败。尼康也是一系列著作（《祷求书》《从索洛韦茨基修道院给沙皇的书信》《1655 年礼拜书序言》等）的作者，他在作品中捍卫自己的理念，并对与当前政治和思想形势有关的具体事件作出哲学政论阐释。[2]

俄国沙皇阿列克谢·米哈伊洛维奇（1629—1676 年）从 1645 年起统治国家，为人"十分儒雅"，同时非常积极地巩固俄国的强盛，他作为著作家和思想家较少为现代读者所知。研究者却指出，阿列克谢·米哈伊洛维奇"是当时莫斯科社会最有文化和最开展的人之一"。[3] 他的文学创作容量"出人意料之大并且多样"：大量书信遗产，1652 年《条陈》，1654—1667 年俄波战争漫笔，经他修改的许多官方文件、诗歌、祷求书和其他所著或编辑的文献。[4] 作为政治家和思想家，他为自己的儿子——1672 年出生的彼得·阿列克谢耶维奇准备了多项改革措施，彼得从必将使之"站立起来"的旧俄国接受了许多东西。有代表性的是，同样是在 1672 年，在莫斯科郊外的普列奥布拉任斯科耶皇室村的"戏剧场"上，按阿列克谢·米哈伊洛维奇的命令排演了俄国第一部话剧。[5] 也正是他把有文化和口才

---

① A.A. 贝科夫：《尼康牧首》，圣彼得堡 1891 年版；H.A. 吉本内特：《尼康牧首案历史研究》（上下两册），圣彼得堡 1882—1884 年版；H.Ф. 卡普捷列夫：《尼康牧首和沙皇阿列克谢·米哈伊洛维奇》（上下卷），谢尔吉镇 1909—1912 年版；修士大司祭阿波洛斯：《莫斯科和全俄牧首尼康生平传略》，莫斯科 1959 年版。

② A.C. 叶列翁斯卡娅：《17 世纪下半叶的俄国政论》，莫斯科 1978 年版，第 139—153 页。

③ C.Ф. 普拉托诺夫：《沙皇阿列克谢·米哈伊洛维奇（试评）》，见《普拉托诺夫文集》，第 1 卷，圣彼得堡 1912 年版，第 33 页。

④ E.B. 杜舍奇金娜：《作为著作家的沙皇阿列克谢·米哈伊洛维奇》，见《古罗斯文化遗产》，莫斯科 1976 年版，第 184—188 页。

⑤ 《阿尔塔薛西斯演义》（17 世纪俄国第一部话剧），И.M. 库德里亚夫采夫整理、作引言和注解，莫斯科—列宁格勒 1957 年版。

的白俄罗斯僧人西梅翁——成为俄国 17 世纪下半叶巴洛克文化最活跃和最有影响的活动家，人称波洛茨克的西梅翁——从波洛茨克的主显修道院请到莫斯科。

教派分裂时代的最鲜明的人物无疑是不屈不挠的大司铎阿瓦库姆·彼得罗夫（1620—1682 年），旧教的精神领袖、教导者和殉道徒。他以前是尼康所在的下诺夫哥罗德县的一名乡村司祭，两人几乎是同乡。他迅速脱颖而出，得到沙皇阿列克谢·米哈伊洛维奇的赏识。因自己的信念和对抗教会改革被流放到西伯利亚，在 1666 年受到审判，被流放到普斯托泽尔斯克城堡，1682 年在那里和自己的追随者一起被活活烧死。①

阿瓦库姆笔下有超过 50 篇各种体裁的著作，其中最有名的是他的著名的《传记》，这部作品在 1672—1675 年关押期间完成，保留在三个校本中。阿瓦库姆"生动的莫斯科语言"、他的坚强不屈和精神力量得到列夫·托尔斯泰、陀思妥耶夫斯基、屠格涅夫、列斯科夫等许多祖国文化和世界文化活动家的赞叹。马·高尔基指出："大司铎阿瓦库姆的书信和他的《传记》的语言以及风格，将永远是斗士火热和充满激情的话语的不可逾越的典范，总之在我们的古代文学中有可以学习的东西。"② 阿瓦库姆大胆将民间语言引入经他改造的传记体裁中，创造出"世界文学的格调现象之一"。③ "燃着火"的大司铎在告读者中表达了自己的写作和生活信条："…… 感谢主，你们这些读书和听书的人，不要瞧不起我们的白话，因为我爱罗斯

---

① A.K. 博罗兹金：《大司铎阿瓦库姆》（俄国社会 17 世纪精神生活史料），圣彼得堡 1900 年第 2 版；《普斯托泽尔斯克散文集》，М.Б. 普柳汉诺娃编选并作序和注解，莫斯科 1989 年版。

② 《高尔基文集》（三十卷本），第 27 卷，莫斯科 1953 年版，第 166 页。

③ R. Jogoditsch, *Das Leben des Protopopen Avvakum von ihm Selbst Niedergeschrieben*, Berlin, 1930, s. 66.

自然的语言，不要用哲学诗歌装点日常的言语，因为上帝不想听漂亮的言辞，而想要我们的事工。"[1]

阿瓦库姆在《传记》中除描写自己的生活、遭受的痛苦和不息的斗争外，还斥责"叛教者尼康、恶棍和异端"。他回忆在法庭上论战时，希腊教宗试图说服他，说道，所有基督徒都用三个指头画十字。阿瓦库姆则反驳他们说："罗马早已倒下，无声无息地躺着，波兰人也同它一起死去……正教在你们那里也因土耳其穆罕默德的暴力而变得不伦不类，但不能为你们奇怪：你们变得无能。今后请来我们这里学习：托上帝的福，我们这里是一君独大。"[2] 在他看来，只有罗斯是虔诚的典范，所有正教民族都应该对罗斯如同对"第三个罗马"，他们在穆斯林压迫或教皇主宰下歪曲了自己的信仰。他形象地称放弃自己的信念为"不死之死"，并呼吁自己的支持者"坚守良知"。阿瓦库姆《传记》的结构、思想内容和形象体系引起许多研究者的注意。[3]

除自传作品外，阿瓦库姆还写有《讲道书》、《释义书》、《论辩书》和一系列关于创世、原罪、圣餐礼等的神学著作。在第一部作品中包含他关于圣像画的思想。他谴责西蒙·乌沙科夫画派，其代表人物不表达"细腻的情感"，而是按"身体的构思"作画。他关于乌沙科夫画派圣像画里的救主以马内利形象绘声绘色地写道："……脸儿肥嘟嘟的，嘴唇红红的，头发卷卷的，胳膊上的肉胖胖的，手指头粗粗的，大腿也壮壮的，整个一个德意志胖小子，就差没在腰上画佩刀。"接下来是像副歌一样回旋在他的所有作品中的感叹："唉，

---

① 《普斯托泽尔斯克文集》（阿瓦库姆和叶皮凡尼著作手稿），Н.С.杰姆科娃、Н.Ф.德罗布连科娃、Л.И.萨佐诺娃整理出版，列宁格勒1975年版，第112页。

② 《大司铎阿瓦库姆本人写的传记和其他一些著作》，莫斯科1960年版，第101页。

③ Н.С.杰姆科娃：《大司铎阿瓦库姆传记》（作品创作史），列宁格勒1974年版。

唉，可怜哪！罗斯，你为何想要学德意志人的做派和规矩。"大司铎在这里也谴责多神教哲学家的异教智慧，对他们的批判态度也见于他的其他著作。①

阿瓦库姆在《释义书》中给出对圣智慧形象的解释，认为"圣智慧是神，而庙宇是正信之人"，七根柱子是七次普世会议，"立下"信仰并"防范"异端。他回忆和主教保罗·克鲁季茨基就福音书上的"寻智慧"的争论，认为要追求的不是外表的博学，而是"内心的智慧"，树立自己的良知，那时"无书也会有智慧"。

尽管大司铎经常强调自己"既不是修辞家，也不是哲学家"，而是"一无所知的粗人"，但在其著作中（在绝无可能利用书籍的地牢里写成）却表现出相当熟悉神学哲学作品，引用亚略巴古的狄奥尼修斯、保加利亚督主教约翰、诸多教父、希腊人马克西姆和其他权威的思想。

他在写给受迫害和遭受痛苦的志同道合者的大量书信中劝诫："要在信仰中坚立，毫不动摇，不要害怕人所惧怕的。"他还说服他们遵循福音书里的四种美德："勇敢、智慧、公义和贞洁。"他在给妻子阿纳斯塔西娅·马尔科夫娜和儿子阿法纳西的信中的话如同精神遗言一般回响："该想的去想，不该想的不去想。如果总关心外表，何时才能想到内心？到快死的时候吗？死人不能行为；奥秘不向死人打开。"② 旧礼仪派的精神领袖嘱咐他们不去考虑"空虚的有许多欲望的身体"之便，而去考虑人的精神本质和他的内心，内心与并非总符合表面规定的良知和谐相处。

---

① 阿瓦库姆·彼得罗夫：《论圣三一、神的形象和哲学家柏拉图》，见阿瓦库姆·彼得罗夫：《书信和奏章》，圣彼得堡1995年版，第25—33页；А.П.谢格洛夫：《古罗斯的本体哲学》，莫斯科—耶路撒冷1999年版。

② 《17世纪旧礼仪派运动历史文献》，第1卷，第921列。

阿瓦库姆最亲密的志同道合者是他的"狱友"、比他年长的出家人叶皮凡尼。叶皮凡尼是大司铎的忏悔神父，阿瓦库姆在他的劝告下写了自己的生平传记。他在 1668—1676 年"索洛韦茨基起义"（不接受新的礼拜用书而反对沙皇的僧人起义）失败后，逃出索洛韦茨基修道院，投奔阿瓦库姆并与之共命运。叶皮凡尼笔下也有一部自传，但成就却没有那么突出。[①]

像阿瓦库姆一样，"了不起的神父"叶皮凡尼否定外表的学问："没有学过文法和哲学，也不希望和寻求"。他们二人都有意识地把自己和以波洛茨克的西梅翁为首的宫廷启蒙者集团对立起来，后者写过大量的"哲学诗歌"。这不仅是捍卫民族的根基，或者是被拉丁派加以嘲讽的"农夫文化"的自我表达，这是按 A.M. 潘琴科所说的"智力和精神的冲突"。如果说对波洛茨克的西梅翁来说主要的是启蒙和"外表的智慧"，那么对阿瓦库姆及其支持者来说，主要的是道德完善、精神坚定和努力为其公义坚持到最后。[②] 正如叶皮凡尼在他的传记末尾所表达的："《蜜蜂书》中关于忍耐所说：隐忍不发的人有福了，放下许多罪"；修行者被精神之火燃烧，"站在死和不死之间"。[③] 旧礼仪派领袖与"轻浮学问的卖弄聪明"势不两立。[④]

类似的思想流露在其他一系列关于旧礼仪派运动史的史料中。[⑤] 这场运动成分不一，分化过程在其中逐渐加剧，出现新的分支和派

① A.H. 罗宾逊：《叶皮凡尼自传》，见《古罗斯文学研究与资料》，莫斯科 1961 年版，第 101—132 页；S.A. Zenkovsky, Der Monch Epifanij und die Entstehung der Altrussischen Autobiographie, *Die Welt der Slawen*, J. 1, H. 3, Wiesbaden, 1956, ss. 276-292.

② A.M. 潘琴科：《彼得改革前夕的罗斯文化》，列宁格勒 1984 年版，第 41—42 页。

③ A.H. 罗宾逊：《阿瓦库姆和叶皮凡尼的生平传记》（研究与文本），莫斯科 1963 年版，第 203 页。

④ H.C. 杰姆科娃：《大司铎阿瓦库姆不为人知和未出版的著作文献》，见《古罗斯文学部学报》，第 21 卷，第 211—235 页。

⑤ 《女贵族莫罗佐娃记事》，A.И. 马祖宁整理并研究，列宁格勒 1979 年版。

别。尽管整体上旧礼仪派坚持"古代的虔诚",研究者却在反教堂派的一系列分支中指出新教倾向的元素:简化崇拜、拒受圣职、不承认一系列教义和圣礼、重在个人信仰。旧礼仪派运动没有获得统一的组织,这成了它的弱点,但它同时摆脱了国家专制,实现了宗教和社会生活形式的多样化,为占统治地位的正教注入探索和批判主义元素,加强了俄国社会17世纪和随后几个世纪的精神文化多样性。旧礼仪派把自己同国家与教会对立起来,创造出某种公民社会(当代作者经常说在俄国没有这种社会),在这场斗争中团结起来,仅依靠自己的力量,导致其社会活动性很强,普遍识字,建立起民间文化渊薮,尤其是在罗斯北方。① 旧礼仪派在保护古罗斯文化古迹、尤其是文学作品和绘画上的功劳很大。自然,不应过高评价并尤其不能将旧礼仪派运动理想化,但必须给予其客观评价。

旧礼仪派环境中推出不少政论家、著作家和思想家,他们积极讨论社会、宗教、神学和哲学问题。伊万·涅罗诺夫、尼基塔·多勃雷宁、出家人阿夫拉米、费多尔·伊万诺夫、稍晚的杰尼索夫兄弟和其他许多旧礼仪派的思想领袖都为祖国文化史作出可观贡献。出家人叶弗罗辛1691年写的《反驳书》被归在这一运动最富趣味的著作之列,它反对"火的洗礼"——最不可调和的旧礼仪派的自焚,反对悲观主义的世界观,反对极端分子的狂热主义(他们预言光明将尽),并确立对"光明的俄国"的信仰,除了过去还有其未来。②

围绕俄国17世纪下半叶复杂的思想形势和各种派别——旧礼仪派和尼康派,精英和民间文化的代表人物,拉丁派和希腊派,欧洲

---

① В.Г. 谢纳托夫:《旧礼仪派运动的历史哲学》(上下辑),莫斯科1908年版;《旧礼仪派(百科词典初编)》,莫斯科1996年版。

② А.С. 叶列翁斯卡娅:《叶弗罗辛〈反驳书〉中的人文动机》,见《俄国文学和艺术中的新特点》(17世纪—18世纪初),莫斯科1976年版,第263—276页。

近代文化的崇拜者和祖国传统的热衷者，古罗斯历史的最后一个世纪末开始的彼得改革的支持者和反对者——的斗争出版了大量研究成果和史料。[1]

17 世纪关于俄国教育体系的发展问题变得异常突出。伊凡雷帝就已设想过这个问题，鲍里斯·戈东诺夫曾经派 18 个年轻人去欧洲的大学里读书，并想要在莫斯科创办某种类似大学的东西，为此从德国请来教授，但混乱时期的事件却打断了类似的创举。[2] 同时在欧洲早已实行在中世纪就协调有序的初中高教育体系。在加入波兰立陶宛王国的白俄罗斯并尤其是在乌克兰，从 16 世纪起开始出现教会学校、公学和学院。

1632 年建成的基辅 - 莫吉拉学园在 17 世纪祖国哲学思想的发展中起了尤其重要的作用，1701 年它在彼得一世的命令下取得学院地位。学园的创办者彼得·莫吉拉（1596—1647 年）对以前存在的主显修道院教会学校进行改造，引入科学课程，以克拉科夫亚格洛大学的教学体系为典范。就这样建立了东斯拉夫大地上的第一所高等学院（以前建成的奥斯特罗格学院存在时间相对较短）。[3] 高年级有三个学年用于研究哲学。基辅 - 莫吉拉学院和以后建成的斯拉夫 - 希腊 - 拉丁学院的毕业生构成 17 世纪下半叶至 18 世纪上半叶祖国

---

① A.H. 罗宾逊:《17 世纪俄国文学中的思想斗争》，莫斯科 1974 年版；A.C. 杰明:《17世纪下半叶—18 世纪初的俄国文学》，莫斯科 1977 年版；A.C. 叶列翁斯卡娅:《17世纪下半叶的俄国政论》，莫斯科 1978 年版；Л.И. 普什卡列夫:《俄国社会政治思想》（17 世纪下半叶），莫斯科 1982 年版；Ф.Е. 梅利尼科夫:《古正教（旧礼仪派）教会简史》，巴尔瑙尔 2009 年版。

② М.И. 杰姆科夫:《俄国教育史》，第 1 部，《古罗斯的教育》（10—17 世纪），雷瓦尔 1896 年版。

③ М. 布尔加科夫:《基辅学院史》，圣彼得堡 1843 年版；И.И. 彼得罗夫:《17 世纪下半叶的基辅学院》，基辅 1895 年版；З.Хижняк, *Києво-Могилянська Академія, Київ, 1970; Роль Києво-Могилянської Академії в Культурному Еднанні Слов'яньских Народів*, Київ, 1988.

文化活动家的骨干力量。直到莫斯科大学（1755 年）和哈尔科夫大学（1805 年）开办以前，它们都是俄罗斯人、乌克兰人和白俄罗斯人接受高等教育的中心，来自正教国家（保加利亚、塞尔维亚、摩尔达维亚、希腊）的学生也在那里学习。哲学的职业化在俄国起步相当迟，在 17 世纪末才开始，同时在"哲学家"术语的理解上出现了和这一过程有关的新的细微差异。[①]

罗斯最初开始出现宗教教育的萌芽是在接受基督教后不久，但教育体系却在很晚以后才形成。在乌克兰教育体系从创办教会学校开始，在俄国却从 17 世纪在莫斯科创办第一批学堂开始。[②] 1649年，有权势的大臣之一、沙皇近侍 Φ.M. 勒季谢夫（1625—1673年）[③] 开办了安德烈修道院学堂，"目的是向俄国人进行通识教育"。邀请来大约 30 名有学问的乌克兰修道士在学堂里授课，为首的是叶皮凡尼·斯拉维涅茨基，他们不仅从事教学，而且翻译书籍。从这时起开始了基辅 - 莫吉拉学院毕业生对俄国文化的积极作用。

叶皮凡尼·斯拉维涅茨基（约 1600—1675 年）是 17 世纪祖国文化的头号活动家之一。[④] 他完成了超过 30 部翻译作品，并且不仅是教父学作品和礼拜用书，而且还有修昔底德、小普林尼、琼布劳和鹿特丹的伊拉斯谟的作品。[⑤] 他还是约 50 篇论说和 40 篇音节体祝颂文的作者，这些作品以深刻的哲学内容和很高的艺术形式而与众

---

① B.B. 阿尔扎努欣：《俄国 17 世纪的哲学教育》，载《哲学科学》，1987 年第 2 期，第 49—58 页。

② 《苏联各民族古代至 17 世纪末学校和教育思想史概要》，Э.Д. 德涅普罗夫责编，莫斯科 1989 年版；H.Φ. 卡普捷列夫：《斯拉夫 - 希腊 - 拉丁学院开办以前的莫斯科 17 世纪的希腊 - 拉丁学校》，莫斯科 1889 年版。

③ И. 科兹洛夫斯基：《勒季谢夫（传记史研究）》，基辅 1906 年版。

④ И. 罗塔尔：《叶皮凡尼·斯拉维涅茨基——17 世纪文学活动家》，载《基辅旧事》，1900 年第 10—12 期。

⑤ B.M. 温多利斯基：《叶皮凡尼·斯拉维涅茨基的学术著作》，见《俄罗斯历史和古代文物协会论丛》，第 4 卷，莫斯科 1846 年版。

不同。① 叶皮凡尼曾设想与他的合作者一起创建新的斯拉夫语译本圣经，但只实现了一部分。印书馆出版了"在哲学和神学上出色的老师"的著作。② 希腊—斯拉夫—拉丁语词典（三语词典）也是他所作。经叶皮凡尼的努力建成一所克里姆林宫神迹修道院学校，在它周围形成他在莫斯科的志同道合者小组。他是新型的哲学教师（老师）、精通欧洲文化的学识渊博的人文主义者。

在叶皮凡尼·斯拉维涅茨基的追随者中形成了通常所划分的希腊派，该派定位于拜占庭希腊文化传统和从希腊语翻译的书籍。神迹修道院出家人叶菲米和宫廷诗人卡里昂·伊斯托明是该派最著名的代表，与定位于西方文化和拉丁文字传统的拉丁派论战。

谢尔吉圣三一修道院总管阿尔谢尼·苏汉诺夫曾被专门派往阿封山搜集希腊语书籍，他曾一度主持印书馆的工作。③ 他此次出行（1653—1655 年）带回约 500 部 7—17 世纪的手稿，其中不少是含哲学内容的手抄本（亚里士多德、第欧根尼·拉尔修、博埃齐、大马士革的约翰、米海尔·普塞洛斯、尼基福尔·弗列米德等的著作），以及荷马、索福克勒斯、埃斯库罗斯、普卢塔克和其他希腊文化经典作家的文献。苏汉诺夫还搞到九本印刷书，其中三本是在法兰克福、佛罗伦萨和威尼斯出版的亚里士多德文集，以及二十九部斯拉夫语手稿。圣三一修道院总管还以《朝拜者》、《与希腊人辩信仰》和其他著作的作者而出名。希腊文化典籍也以其他方式进入④，但它们当然无法盖过越来越强的西欧文化影响，原因是主要基于以前——拜占庭和古代传统，而国家的发展利益却要求融入现代欧洲

① A.V.Pozdneev, Die Geistlichen Lieder des Epifanij Slavineckij, *Die Welt der Slawen*, № 3-4, Wiesbaden, 1960.

② 《叶皮凡尼·斯拉维涅茨基翻译作品集》，莫斯科 1665 年版。

③ C. 别洛库罗夫：《阿尔谢尼·苏汉诺夫》（上下册），莫斯科 1891 年版。

④ Б.Л. 丰基奇：《15—17 世纪希腊与罗斯的文化交往》，莫斯科 1977 年版。

文明。

波洛茨克的西梅翁（1629—1680 年）是拉丁派的领袖和头号活动家。萨穆伊尔·叶梅利亚诺维奇·西特尼亚诺维奇 - 彼得罗夫斯基是白俄罗斯人，波洛茨克人氏，成为新巴洛克类型的祖国文化的头号活动家，在沙皇阿列克谢·米哈伊洛维奇手下起到的作用可比费奥凡·普罗科波维奇在彼得一世手下的作用。西梅翁是天才的著作家、俄国音节体诗歌和戏剧的创始人、政论家和思想家，同时也是星象家、希腊派的反对者、旧礼仪派不可调和的敌人和秘密的合并教徒，隐瞒自己是巴西尔修会会士的身份，该修会是 1617 年多明我派为在东斯拉夫大地宣传天主教而创建。[①]

这位"职业著作家"在莫斯科国家的命运很有意思。[②] 他在基辅 - 莫吉拉学院学成后，27 岁时在波洛茨克的主显修道院受戒，并当上这座修道院教会学校的"老师"。西梅翁认为家庭生活"妨碍智慧"，全身心地专注于精神活动，他有才能和很高的文化，却不能为自己的才华找到应有的使用。他在简陋的修道院院墙内感到狭迫，想要在更广阔的舞台上施展才分，为此向潜在的买家叫卖自己的才智，这在旧时期完全不可思议，在新时期却很适当：

聪明多多，无处藏收，
谁想购买，我愿出售。[③]

很快便出现了他的才智的购买者。沙皇阿列克谢·米哈伊洛维

① A.H. 罗宾逊：《波洛茨克的西梅翁与俄国文学进程》，见《波洛茨克的西梅翁及其出版活动》，莫斯科 1982 年版，第 8 页。
② A.M. 潘琴科作引言、整理并作注释：《17—18 世纪的俄国音节体诗歌》，列宁格勒 1970 年版，第 106 页。
③ И. 塔塔尔斯基：《波洛茨克的西梅翁》，莫斯科 1886 年版，第 59 页。

奇在又一次的俄波战争期间来到波洛茨克，听了年轻僧人的贺诗，他在诗中把君王比作太阳和君士坦丁皇帝，称其为新罗马的统治者和东方教会的希望。有才华的诗人能够敏锐地捕捉到沙皇的需要，他被莫斯科所接纳，从 1664 年起直到临终都是宫廷诗人、沙皇子女的培养者、文化事务顾问、顺从的理论家和沙皇敌人的斥责者。这一事实是流传很广的彼得以前时期的祖国文化封闭自守、孤立于西欧文化的刻板观念的反证。

阿列克谢·米哈伊洛维奇在位时（1645—1676 年）和他的儿子费多尔·阿列克谢耶维奇在位时（1676—1682 年）发生了俄国的渐进式欧化过程，这一过程在一系列具有拉丁文化养成的乌克兰和白俄罗斯文化活动家的积极媒介下按天主教波兰的斯拉夫样式进行。在彼得大帝时期转而定位于北欧国家，开启俄国按新教德意志样式的猛进式西方化。"德意志人"在此处可理解为非斯拉夫裔的外国人，莫斯科侨民村里的住民，从瑞典、普鲁士、荷兰、英国和其他国家来的人。彼得的西方化进程毛病更多、有机性更差，与传统的生活方式一刀两断，并因此遭到坚决的反对。但它却由俄国加速现代化和与最发达、最成功的西方国家合作的必要性所引起，波兰立陶宛王国不在这些国家之列。在阿列克谢·米哈伊洛维奇时期的情况略有不同。尽管同波兰不断打仗并争夺基辅的遗产（其统治下的原基辅罗斯的土地和居民），但波兰本身作为西方文明的翻译和代表在文化方面有吸引力。波兰的时尚、书籍、语言和习惯在 17 世纪的流行程度如同法国在 18 世纪时一样。俄国在彼得一世时期同瑞典作战时，同样从自己的对手那里吸收了不少东西。这种被迫借鉴的方式在祖国过去的历史上十分典型，在今天也仍有现实意义。[①]

西梅翁在沙皇的庇护下开展大规模的启蒙活动：作诗，在他创建的拉丁学校授课，编书，论战，团结自己的追随者。波洛茨克人的创作遗产巨大。他写了保留在作者手稿中的《韵文集》和《百花园》。出版了他的传道集《日祷》和《晚祷》。还出版了《韵文诗篇》（模仿扬·科哈诺夫斯基[②]对诗篇进行的诗歌改写），罗蒙诺索夫把它和斯莫特里茨基《文法》、马格尼茨基《算学》并称为"学问之门"。有学问的修士司祭的作品还包括《权杖》《信仰之冠》，话剧《尼布甲尼撒王记》《浪子记》和一系列其他著作。从莫斯科以前时期保留下来不少用白俄罗斯语和波兰语创作的作品。[③]

波洛茨克人的著作中有许多哲学主题的情景、形象、象征和寓言。在《百花园》中有题为"真""国""法律""思想""理智""学园"（论柏拉图的学园）的各章。在单独的《哲学》一章中引用米利都的泰勒斯（论智慧是最高价值）、第欧根尼（哲学教人忍耐）、亚里斯提卜（哲学也教导"对这个世界上的强人勇敢"）、亚里士多德（医治风习）："如医道医治疾病，哲学匡正心中恶习。"[④]在波洛茨克人的作品中最广泛地呈现出古代、中世纪和与他同时代的哲学家的名字与形象。

西梅翁在《日祷》中回忆德谟克利特，他常"笑此世如此无常"，还想起赫拉克利特，他"常悲此世如许多变"。他还引用斯塔吉拉人论福的思想："哲学家之最亚里士多德写道：福是愿望的实现。

---

① М.Н. 格罗莫夫：《论文明发展的多因素和多向度原则》，见《"文化的自然合成问题"会议资料集》，莫斯科 2009 年版，第 37—41 页。

② J. Pelć, *Jan Koshanowski Poeta Renesansu*, Warszawa, 1988, cc. 100-104.

③ 波洛茨克的西梅翁：《诗歌集》，В.К. 贝利宁 和 Л.У. 兹沃纳列娃编选、整理并作引言和注解，明斯克 1990 年版。

④ 波洛茨克的西梅翁：《著作选集》，И.П. 叶廖明整理、作引言和注解，第 68—71 页。

在这个世界上还没有人能实现愿望，因为就算有人找遍全宇宙，他还想要寻找另一个世界。"波洛茨克人把福音书里的富人称为"伊壁鸠鲁第二"，他说："……吃啊，喝啊，快活啊，死了没有安慰。"[1]有代表性的是，他按在拉丁教育体系中占主导地位的晚期经院哲学精神称亚里士多德为"哲学家之最"，而在罗斯传统上称柏拉图为"最高的哲学家"。

西梅翁援引"另一位哲学家"（研究者认为是柏拉图或洛克），把儿童的心灵比作"没有写字的板"，在培养者的影响下能获得鸽子(柔顺)、鹰（高远）、鼹鼠（爱地上之物）和牛（勤劳）等的特征。世界被他比作造物主所作的"一本大书"，读懂它的锁钥是词中表达的按字母排列的知识，如同他本人的《韵文集》按字母排列一样。[2]

在波洛茨克人的大量颂歌、礼赞和赞美诗中特别的是《俄罗斯鹰》，收入宏大的未完成的文集《韵文集》里，他在一生当中把自己的许多作品都放在里面。其中有这样的话：

> 欢庆吧，俄罗斯，萨尔马提亚的种族，
> 喜悦吧，莫斯科，雅弗的后代子孙。
> 快乐地翱翔吧，迅捷的雄鹰，
> 振动翅膀，击破长空。[3]

这些诗从一方面回响着预告 18 世纪诗人朗诵的礼赞，另一方面

---

① B. 波波夫:《作为传道士的波洛茨克的西梅翁》，莫斯科 1886 年版，第 81—82 页。
② A.M. 潘琴科:《17 世纪的俄国诗歌文化》，列宁格勒 1973 年版，第 178—184 页。
③ И. A. 斯米尔诺夫:《俄罗斯鹰》(波洛茨克的西梅翁创作)，圣彼得堡 1915 年版，第 23 页。

则显得生僻，离俄国话很远，是抽象的书面创作的典型之作，需要对复杂的术语进行解释。例如，在引文中有流传于波兰的萨尔马提亚论元素；莫斯科与诺亚的一个儿子雅弗的名字联系在一起，按圣经所传他得到北方和西方的土地；"空"是气的希腊语名称。西梅翁按巴洛克风格写作，陶醉于诗的出神入化，迷恋形式上的表面造词，而经常损害里面的内容。他能够写出心的形状的诗歌来，根本不方便读，却看上去有效果，或者把拉丁语和波兰语掺入俄国话，造出俄国读者压根儿不怎么懂的东西。

因此对波洛茨克的西梅翁有两种态度。拉丁文化的支持者推崇他，希腊文化的支持者斥责他。神迹修道院的叶菲米指责波洛茨克人不真诚和见风使舵，关于他的《日祷》一书说道："这本新编的'日祷'是充满心灵之毒的日'蚀'。"[①] 牧首约阿基姆不无根据地怀疑，波洛茨克人"受耶稣会士的引诱"和宣传"拉丁新论"。波洛茨克人与传统的古罗斯文化格格不入，阿瓦库姆及其支持者对他的这一责备是公正的。但考虑到种种情况，不能不承认这位诗人、启蒙者和思想家对 17 世纪下半叶俄国社会生活的巨大影响。

波洛茨克的西梅翁不仅是拉丁派的领头人和所处时代的最多产的作者，而且是在彼得以前时期祖国**巴洛克**的头号活动家。在这里应作一些澄清。这种诞生在西欧、首先是在意大利的"耶稣会士风格"，曾被当作反文艺复兴和宗教改革的美学工具。而在 17 世纪下半叶传入俄国时，那里却是另一番社会文化景况，它开始起并非反文艺复兴和反宗教改革的作用（因为在我国既没有文艺复兴，也没有宗教改革，尽管二者的个别元素曾渗透到俄国本土），而是起完

---

① 《11—17 世纪的讽刺作品》，B.K.贝利宁和 B.A.格里欣编选并作引言和注解，莫斯科 1986 年版，第 407 页。叶菲米编了一本反驳拉丁派的专集《芒刺》。

全相反的、可称之为反中世纪的、去神圣化的和世俗化的作用。巴洛克实际上在俄国实现的是文艺复兴功能。如果说在功能上俄国巴洛克与欧洲有异，则在格调上两者一致。正是在这种格调下将要发生祖国文化在 17 世纪下半叶至 18 世纪上半叶与西方文化逐渐走近，融入欧洲的文化和思想空间，在历史发展上与它同步。巴洛克风格表现在建筑、绘画、文学和哲学上，许多专家在分析不同创作领域时都指出这一点。[1]

西尔维斯特·梅德韦杰夫（1641—1691 年）是波洛茨克人的忠实弟子和支持者。他是枢密院书记官，库尔斯克人，住在莫斯科尼古拉街圣像市外救主修道院的斋房里，与自己的老师住隔壁，直到老师去世，当上这座修道院院长和拉丁派领头人，陷入关于在圣餐礼中饼变圣体的教义争论，因涉沙克洛维特射击军密谋而被判有罪，在红场上被处死。[2]

梅德韦杰夫作《墓志铭》悼念自己的老师，把它刻在石头上，装点葬在圣像市外救主修道院的波洛茨克人的坟墓。他在列举"教会和国家所需要的正信之人"的高尚品德后，强调西梅翁的写作才华和作品的价值："他这位贤士所作之书，皆为教导俄

① Д.С. 利哈乔夫：《10—17 世纪的俄国文化发展（时代与风格）》，列宁格勒 1973 年版；А.М. 潘琴科：《巴洛克哲学和美学》，见 А.М. 潘琴科：《17 世纪的俄国诗歌文化》，列宁格勒 1973 年版；S. Mathauserova, Umělá Poezie v Rusku 17 stoleti, *Acta Universitatis Carolinae, Philologia*, № 1-3, Praha, 1967；《斯拉夫文化中的巴洛克》，莫斯科 1982 年版；А.С. 拉波 - 丹尼列夫斯基：《俄国 17—18 世纪思想和文化史》，莫斯科 1990 年版；J. Pelć, Czlowiek Polskiego Baroku, Warszawa, 1991；М.А. 科尔佐：《17 世纪传道词中的人的形象》，莫斯科 1999 年版；А.П. 波格丹诺夫：《17 世纪后二十五年的莫斯科政论》，莫斯科 2001 年版；《巴洛克时代的斯拉夫文化》，见《斯拉夫民族文化史》（三卷本），《从巴洛克到现代》，Г.П. 梅利尼科夫责编，莫斯科 2003 年版，第 9—176 页。

② И. 科兹洛夫斯基：《西尔维斯特·梅德韦杰夫》（17 世纪末俄国教育和社会生活史料），基辅 1895 年版。

国之民。"①

从波洛茨克人传给梅德韦杰夫的丰富藏书又经他充实，以波洛茨克人—梅德韦杰夫收藏品而闻名。按 1689 年编目总共有 359 本书，其中四分之一是世俗性的，许多是拉丁语、波兰语和希腊语书籍。在哲学内容的书中能够指出波兰语译本的亚里士多德《政治学》，梅兰希顿《辩证法》，《古代哲学家注疏》、《哲学锁钥》，以及法律、自然科学和历史读物。② 保留下来一部《书的目录及其著者》，B.M. 温多利斯基将它出版，把这份有 204 位作者（包括哲学家）的 10—17 世纪俄国和翻译书籍的名单归在梅德韦杰夫名下，并因这部著作而称他为"斯拉夫俄语书目学之父"。③（一些学者把《目录》归在叶皮凡尼·斯拉维涅茨基或费多尔·波利卡尔波夫名下）

波洛茨克的西梅翁在去世前不久为拟成立的俄国第一所高等学校草拟了《特别令》（建章法）。西尔维斯特·梅德韦杰夫在 1685 年 1 月把它呈给公主索菲娅·阿列克谢耶夫娜。他用"无比智慧的所罗门王论智慧"的诗句作为自己献诗的详细题词。在这里用公主索菲娅的名字来演绎（其他诗人也这样做），它在希腊语是"智慧"之意，呼吁最终在莫斯科建成一座为整个俄国增光的"智慧房屋"。④ 尽管索菲娅批准了《特别令》，学院本身实际上在两年后建成。

梅德韦杰夫是《一览》或 1681—1682 年《射击军叛乱记事》

---

① 《17—18 世纪的俄国音节体诗歌》，第 188—190 页。
② C.Я. 卢波夫：《俄国 17 世纪图书》，第 122—126 页。
③ 《西尔维斯特·梅德韦杰夫所编〈书的目录及其著者〉》，载《俄罗斯历史和古代文物协会论丛》，第 4 卷，第 3 编（杂俎集），莫斯科 1846 年版，第 1—90 页。
④ A. 普罗佐罗夫斯基：《西尔维斯特·梅德韦杰夫》，莫斯科 1896 年版，第 383—388 页。

（著名的"霍万斯基党人之乱"）的作者。① 记事中不仅包含对事件的实际描写，还有关于社会建设、法度、人和民族命运的历史哲学议论。梅德韦杰夫将其作品理解为一面"镜子"，反映出教人智慧的事件的含义：

> 智慧这般教导众生，
>
> 在做事时要看到尽头，
>
> 先要看到评判者自身，
>
> 事物的本质就会看透。②

《记事》中有单独的一编《哲学家说》，其中引用来库古、提比略和亚里士多德的思想。他把国家比作需要平衡的有机体。援引亚里士多德论混乱和暴动原因的思想来反映官职阶层的思想体系："亚里士多德哲学家在国中规劝，要让小人物来当官和统治，也就是那些从前生活困苦的人，他们在富贵后不会变得傲慢无礼。"③ 这些思想从翻译作品中借鉴过来，包括从前面简要探讨过的论著《论王国覆灭的原因》，这部作品可追溯至拉丁语原文，同样在波兰语中流传，俄译本很有可能从它翻译过来。

梅德韦杰夫给波洛茨克的西梅翁、大贵族格里戈里·罗莫达诺夫斯基和其他收信人的书信（其中一封用波兰语所写）很有意思。在给罗莫达诺夫斯基的信中探讨他称为"肇因"（为当时的古罗斯

---

① E.B. 科洛索娃：《西尔维斯特·梅德韦杰夫〈一览〉与俄国 17 世纪历史记事传统》，见《时代之交的俄国文学》（17 世纪—18 世纪初），莫斯科 1971 年版，第 207—209 页。

② 《西尔维斯特·梅德韦杰夫 7190、7191 和 7192 年一览，这些年国中发生了哪些事》，A. 普罗佐罗夫斯基作序和注释，莫斯科 1894 年版，第 2 页。

③ 同上书，第 38 页。

词汇所典型）的亚里士多德的原因学说。梅德韦杰夫划分出"表现在人身上"的"哲学四因"。第一种是"创造因"（上帝造人），第二种是"本质因"（身体的本性），第三种是"构成因"（理性的灵魂），第四种是"结果因"（目的因）。此外还增加了基督教四种美德（"公义、贞洁、智慧、勇敢"），所有这一些以思考"哲学的结果因"——人在世界上的使命而结束。[①]

罗斯托夫的季米特里（1651—1709 年）是世纪之交祖国文化中的一位重要人物，俗名为丹尼尔·萨维奇·图普塔洛。他是基辅郊外的哥萨克人的儿子，上过基辅—莫吉拉学院。他在 17 岁时剃度出家，当过几家修道院的住持，在生命快结束时被主教公会任命为雅罗斯拉夫尔的罗斯托夫都主教，在那里创建了一所当地的斯拉夫—希腊—拉丁学校。[②] 他在 1752 年封圣，是主教公会时期的第一位全俄圣徒。罗斯托夫的季米特里笔下有不少传道、论战、历史、戏剧和颂歌性著作。

他的耗时 20 年的主要劳动是编纂多卷本《月书》，这项工作在 1705 年以前完成。他还创作过圣歌和教会题材的宗教剧。罗斯托夫的季米特里在《有露水的羊毛》中（发表于 1680 年）对《意外之喜》里的圣母形象作出富有含义的解释，这一形象是俄国圣像画中流传最广的形象之一，因此可以把他归在祖国美学思想的代表人物之列。他作为正教会的大主教，在论战著作《布良斯克信仰考》中批判以阿瓦库姆为首的旧礼仪派运动，给出旧礼仪派运动最早的科

---

① 《西尔维斯特·梅德韦杰夫书信》，С.Н.布拉伊洛夫斯基专题讲座，圣彼得堡 1901 年版，第 13—14 页。

② И.А.施利亚普金：《罗斯托夫的圣季米特里及其时代》，圣彼得堡 1891 年版；《俄国宗教巨擘》，莫斯科 1999 年版，第 30—39 页。

学分类之一，在"信仰"、"学说"和"事工"三部分中逐一探讨。[①]
罗斯托夫的季米特里对彼得一世的改革抱肯定态度，尤其是对教育
领域的改革，伟大的改革者同样看重他，如同对其他许多从乌克兰
来的人一样，他们受过欧式的高等教育，不像莫斯科宗教界的代表
人物那样冥顽不化。

在 17 世纪下半叶，不仅乌克兰人和白俄罗斯人，还有其他许多
民族的代表都涌向莫斯科——"斯拉夫火炬"。克罗地亚人尤里·克
里扎尼奇、波兰人安德烈·别洛博茨基、摩尔达维亚人尼古拉·米
列斯库·斯帕法里、希腊人利胡德兄弟[②]有权进入 17 世纪一代杰出
的社会活动家和思想家之列，他们以自己的大量译作和原创著作促
进了祖国哲学思想的丰富，并以其创作使罗斯关于哲学家的观念
变得多样。

尤里·克里扎尼奇（1617—1683 年）在理论方面对俄国思想的
影响最大，他是巴洛克时代斯拉夫文化的杰出代表。克里扎尼奇受
过良好的教育，在格拉茨获得哲学硕士学位，曾经是梵蒂冈圣阿塔
那修希腊公学的学员，饱读欧洲书籍。[③]他在 1659 年来到莫斯科，
在那里结识了叶皮凡尼·斯拉维涅茨基、费多尔·勒季谢夫等罗
斯文化的活动家，并开始积极宣传关于斯拉夫人的统一、俄国的远
大未来以及为俄罗斯人进入欧洲有文化的民族之列有必要开展广泛

第四章　巴洛克格调的哲学家与哲学

---

① 《罗斯托夫的季米特里著作集》（1—5 卷），基辅 1869—1872 年版；另著：《布良斯
克信仰考》，莫斯科 1783 年版。

② A.X.戈尔芬凯尔：《安德烈·别洛博茨基——17 世纪末 18 世纪初的诗人和哲学家》，
见《古罗斯文学部学报》，第 18 卷，第 188—213 页；尼古拉·斯帕法里：《美学论
著》，O.A.别洛布罗娃整理并作引言，列宁格勒 1978 年版；Д.Т.乌尔苏尔：《尼
古拉·加夫里洛维奇·米列斯库·斯帕法里》，莫斯科 1980 年版；M.斯缅措夫斯基：
《利胡德兄弟》，圣彼得堡 1899 年版。

③ C. A. 别洛库罗夫：《莫斯科社会 17 世纪精神生活史料》，莫斯科 1902 年版；I.
Golub, *Juraj Križanić*, Zagreb, 1983.

的启蒙活动等思想。但由于不知道的原因（也许是因为隐瞒其天主教信仰和与梵蒂冈的瓜葛），克里扎尼奇在 1661 年被流放到托博尔斯克，在那里生活了 16 年并写下主要著作：《政治学》、《历史预言解》、《驳索洛韦茨基奏章》、《论神意》（*De Providentia Dei*）等。他在 1676 年回到莫斯科，1678 年去了维尔诺，在那里成为耶稣会士。1683 年在扬·索别斯基军队中与土耳其人会战时死在维也纳城下。

克里扎尼奇的遗作异常多样，在很大程度上尚未发表，尽管出版了不少刊有其著作的出版物。[①]"尤里·克里扎尼奇是 17 世纪百科全书式的人物之一，他掌握六门语言，研究哲学、历史、政治经济学、美学、音乐、史学和神学。"他是一位真正的有深度和广博的思想家。[②]

克里扎尼奇制定的各门知识分类分支体系可追溯至经典的中世纪"七门通识"图表，但经过完善和充实进新的内容。[③]克里扎尼奇把所有知识分为两种——理论知识和实践知识。理论知识又分为宗教知识和世俗知识，世俗知识分为哲学、数学和力学。哲学包括三个部分：逻辑学（"谈话的学问"）、物理学（"自然的学问"）和伦理学（"风习的学问"）。逻辑学分为文法（"说"的技巧）、诗学修辞（"谈"和"唱"的技巧）、辩证法（"争"的技巧）；物理学分为"认识简单的有形之物"和"医术"；伦理学分为私德学（"个人风

① 《尤里·克里扎尼奇文集》（1—3 辑），莫斯科 1891—1892 年版；《17 世纪中期的俄罗斯国家》（1—6 册），莫斯科 1859—1860 年版；《论天意》，莫斯科 1860 年版；《尤里·克里扎尼奇遗稿》，载《历史档案》，1958 年第 2 期；《政治学》，莫斯科 1965 年版；А.Л. 戈尔德贝格、Ю.П. 阿瓦库莫夫、А.С. 别洛年科、В.Г. 卡尔措夫尼克：《尤里·克里扎尼奇论音乐》，见《古罗斯文学部学报》，第 38 卷，列宁格勒 1985 年版；Juraj Križanić, *Sabrana Djela*, Kn. I-II, Zagreb, 1983-1984.
② Л.И. 普什卡列夫：《尤里·克里扎尼奇（生活与创作概略）》，莫斯科 1984 年版，第 4 页；A. Pažanin, Pojam Mudrosti u Filozofiji Jurja Križanića, *Politička Misao*, God. IX, Zagreb, №1, 1972, ss.3-8.
③ Ю. 克里扎尼奇：《政治学》，第 107、460 页。

习的学问")、经济学（"经世学"）、政治学（"统治人的学问"），在这里增加了司法（"立法的学问"）。

在通常以《政治学》为名的奠基性论著《话统治》中（保留在作者唯一一份手稿当中（俄罗斯国家古代资料馆，381 号全宗，1799 号保存单位），手稿只发表过一部分），除上面引用的知识图表外，还包含不少其他重要的思想和观念。克里扎尼奇在第三章《论智慧》中对智慧、知识和哲学加以区分。他认为智慧是认识"最最重要的和至高无上的事物"（上帝、自然、社会、人），知识是"理解事物的原因"，哲学是"对智慧的愿望"，哲学家适合被称为"热心智慧的人"。克里扎尼奇继续阐发自己的思想，接着写道，哲学不是一项单独的艺术或普通的学科，而"更是周密谨慎的判断力或是在判断一切事物上的经验"。哲学是一切认识形式的最高级别，是人类经验的精华；每个理性的人在认识事物的本质时都能逐渐变为哲学家。这里有一个重要的思想是，在任何有思想的个体身上都有一个潜在的哲学家，他有机会在自己的一生中展露这种才华。

克里扎尼奇单独划分出"政治智慧"，认为统治者应该本身是有智慧的人，并在自己的身边放置聪明的谋臣（"哲学王"理念的又一种方案）。他利用欧洲的政治思想成就，制定出整体和展开的明智治理国家纲领。其含义可归结于全面和客观地分析国家、人民、自然资源和传统，并巧妙地加以利用。[1] 进步思想家的一些观点有时达到博丹和维科的高度，他的指导意见领先时代整整一百年，在 18 世纪开明君主制时期才实际得以实现，而他的纲领"在许多方面与彼得大帝的纲领类似"。[2]

---

① IO. 克里扎尼奇：《政治学》，第 457—459 页。

② B. 凡尔登贝格：《克里扎尼奇的国家理念》，圣彼得堡 1912 年版。

克里扎尼奇受斯拉夫统一思想的鼓舞，试图客观地并从爱国主义立场理解斯拉夫族在世界历史进程中的作用，认为斯拉夫族走的是上升路线，尽管遭受来自异族、尤其是土耳其人和德意志人的压迫与凌辱。① 他认为俄国在斯拉夫族未来的崛起中起特殊作用，它在借助先进改革变为世界主导大国后，将要解放被奴役的斯拉夫和其他民族，并带领它们前进。② 克里扎尼奇同时主张斯拉夫国家之间的平等联盟，反对俄国专制制度的威权统治。③ 在抗击法西斯侵略的年代，克里扎尼奇的思想在包括斯拉夫在内的各民族当代斗争中得到呼应。④

克里扎尼奇主张斯拉夫人的文化统一，试图创建他们的统一语言，这种语言得名为"克里扎尼奇文"。⑤ 用这种语言写了《政治学》和其他一系列著作。在用拉丁语写成并在欧洲广为人知的《西伯利亚史》（*Historie de Sibiria*）中，克里扎尼奇描写了与俄国的未来联系在一起的边疆区以及同其他民族合作的前景。⑥ 斯拉夫思想家本人的语言十分鲜明，他使用如"媚外"（崇拜外国的东西）、"鱼肉百姓"（暴政）、"萨丹纳帕勒斯"（刚愎自用的贵族）等有特点的术语。⑦

1687 年底斯拉夫—希腊—拉丁学院在莫斯科一座专门盖的建筑里开始上课。它是俄国第一所高等学校，在包括哲学思维在内的祖

---

① Э.В. 茹林斯卡娅：《尤里·克里扎尼奇的哲学社会学观点》，见《苏联各民族哲学文化的历史传统与当代》，基辅 1984 年版，第 178—191 页。

② И. 罗戈诺维奇：《克里扎尼奇及其民族主义哲学》，喀山 1899 年版。

③ M.Frańćić, *Juraj Križanić Ideolog Absolutyzmu*, Warszawa-Krakow, 1974.

④ Б. 达秋克：《尤里·克里扎尼奇和俄罗斯人》，载《斯拉夫人》，莫斯科，1944 年第 3 期，第 44—47 页。

⑤ J.Božicević, *Križanića: A Means Toward Multi-National Federation*, Dallas, 1972.

⑥ Г. 斯帕斯基：《西伯利亚记事》（17 世纪拉丁语手稿），圣彼得堡 1822 年版。

⑦ И. Van Son, *Autour de Križanić. Etude Historique et Linguistique*, Paris, 1934.

国文化发展中起了重要的组织和培养作用。[1] 学院的方案在当时由波洛茨克的西梅翁草拟，他是《学院特别令》（建章法）的作者，西尔维斯特·梅德韦杰夫在 1682 年把它呈给沙皇费多尔·阿列克谢耶维奇并经其签署。按照这部还要补充上学院章程的《特别令》，规定按欧洲大学的例子讲授"世俗和宗教学科"。[2] 西尔维斯特·梅德韦杰夫作为拉丁文化的支持者，却没能领导这座建成的学院。

领导学院的是约翰尼基·利胡德（1633—1717 年）和索弗罗尼·利胡德（1652—1730 年）兄弟，希腊修道士，曾在巴杜亚大学接受教育，获得哲学博士学位，在 1685 年来到莫斯科，以自己的存在和影响加强了希腊文化的支持者。[3] "两兄弟"在其论战著作《精神佩剑者》（呈现为"希腊教师"和某耶稣会士的对话）中给出自传材料。[4] 他们还有一系列其他著作：《阿科斯》、《白真相》、彼得一世奏凯词、传道、训喻、书信。值得注意的是《圣智慧索菲亚颂》，它包含约翰尼基对古罗斯基本哲学问题之一的诠释。[5]

学院用希腊语、部分也用拉丁语授课，分低、中、高三年级，先后学习希腊语语法、诗学、修辞学和辩证法。在高年级用三年时间学习哲学，要求掌握自然哲学（物理学）、道德哲学（伦理学）和思辨哲学（形而上学）。利胡德兄弟总共上了七年课，没有把课全部讲完，在 1694 年因耶路撒冷牧首多西费诬告其涉"天主教"被免去教职，但来得及编了语法、诗学、修辞学、逻辑学、心理学和物理学教科书，这些书几乎全被用在今后的教学中，在形成祖国哲学读

① В.М.Нічик, Слов'яно-Греко-Латинська Академія та її Роль у Розвитку Російської Фичософії XVII-XVIII ст., *Філософська Думка*, Київ, №2, 1987, сс.92-103.
② Л. 加尔金：《17 世纪的莫斯科学院》，莫斯科 1913 年版，第 43—44 页。
③ М. 斯缅措夫斯基：《利胡德兄弟》，圣彼得堡 1899 年版。
④ 约翰尼基·利胡德和索弗罗尼·利胡德：《精神佩剑者》，喀山 1866 年版。
⑤ М. 斯缅措夫斯基：《教会史资料》，圣彼得堡 1899 年版，第 5—32 页。

物的积累上起到一定作用。[①]

　　在手稿中保留下来的有：希腊语和拉丁语《修辞学》；希腊语《逻辑学》；拉丁语《心理学》（没有讲授）；拉丁语《物理学》。[②] 它们全部建立在亚里士多德及其注解者的著作基础上，并利用欧洲同时代的读物。利胡德兄弟没有来得及编写形而上学教科书。他们讲授完逻辑学扩展引论以及物理学的一部分（对亚里士多德《物理学》不完整的三章注解），以此打下在俄国专职讲授哲学的开端。他们本人作为职业哲学家、哲学博士和教师，鲜明地反映出欧洲近代对哲学家作用的理解以及 17 世纪末俄国社会里的哲学家形象。

　　利胡德兄弟的活动在最近一段时间很受关注。作为希腊政府的馈赠，在莫斯科栅城区的主显修道院大教堂附近为他们立了纪念碑，在这座修道院里曾有一所斯拉夫—希腊—拉丁学院前身之一的学校。在兄弟二人离开莫斯科后去的大诺夫哥罗德——他们在那里创建了一所斯拉夫—希腊学堂，定期举办利胡德论坛并出版文集。[③] 在国立诺夫哥罗德智者雅罗斯拉夫大学有一座纪念启蒙者、教师和职业哲学家利胡德兄弟的博物馆。[④]

　　学院在利胡德兄弟被赶走后有几年时间一蹶不振，而从 1701 年起按彼得一世的命令"在学院里实行拉丁语教学"，在帕拉迪·罗戈夫斯基（以前跟利胡德兄弟学习过）和斯特凡·亚沃尔斯基的领导

①　B.B. 阿尔扎努欣：《俄国 17 世纪的哲学教育》，载《哲学科学》，1987 年第 2 期，第 49—58 页；另著：《索弗罗尼·利胡德答词出版说明》，见《1993 年哲学史年刊》，莫斯科 1994 年版，第 228—255 页。

②　C. 斯米尔诺夫：《莫斯科斯拉夫—希腊—拉丁学院史》，莫斯科 1855 年版，第 51—63 页。（已经知道利胡德兄弟的许多文献手稿，其真迹主要保存在俄罗斯国立图书馆莫斯科神学院全宗。）

③　《利胡德论丛："第一届利胡德论坛"学术会议资料》，大诺夫哥罗德，2001 年版；《利胡德论丛："第二届利胡德论坛"学术会议资料》，大诺夫哥罗德，2009 年版。

④　И.Л. 格里戈里耶娃和 Н.В. 萨洛尼科夫：《利胡德博物馆——日复一日》，大诺夫哥罗德，2008 年版。

下，学院按基辅—莫吉拉学院的样式进行改造，主要用拉丁语授课并定位于西欧教育体系。从 1704 年起哲学年级重新开始活动，哲学授课在俄国走入常态。М. 罗蒙诺索夫、В. 特列季亚科夫斯基、Ф. 波利卡尔波夫、Л. 马格尼茨基、А. 巴尔索夫和其他许多祖国文化活动家的名字与学院联系在一起。学院在 1755 年莫斯科大学建成以前扮演着俄国智力中心的角色，在 1814 年改造为莫斯科神学院并迁至谢尔吉圣三一大修道院。[①] 它和莫斯科大学一起在两个多世纪里为俄国的高等教育服务，包括哲学教育在内。[②]

哲学人才随着哲学授课一起形成。彼得·波斯尼科夫是第一个获得哲学博士学位的俄国人，他是斯拉夫—希腊—拉丁学院毕业生，被派到巴杜亚大学，在 1694 年顺利修完两年学业。[③] 波斯尼科夫在返回俄国后成为彼得一世的得力战友之一，和他一起参加"大使团"，1703 年到 1710 年是俄国驻巴黎代办，从那里发回科学和哲学书籍。[④]

在 17 世纪末各种各样的史料中越来越经常地碰到彼得大帝的名字。例如，在新救主修道院修士大司祭伊格纳季创作于 1689 年的《圣智慧索菲亚像见证》中，"俄罗斯莫斯科沙皇国"被表现为最高智慧的尘世体现，智慧立在上面的石头则被联想起彼得的名字，因为国家的强盛在他身上，"在伟大的国君身上，如同在石头上屹

① И.Е. 扎别林：《希腊—拉丁和欧洲基础科学在莫斯科首次落户》，莫斯科 1886 年版；А.В. 帕尼布拉特采夫：《莫斯科斯拉夫—希腊—拉丁学院里的哲学》（18 世纪前二十五年），莫斯科 1997 年版。

② 《莫斯科大学和莫斯科神学院：250 年共同为俄国服务》，莫斯科 2006 年版。

③ О.В. 特拉赫藤贝格：《俄国 15—17 世纪的社会政治思想》，见《俄国哲学史料》，莫斯科 1951 年版，第 67—95 页。

④ Е. 施穆尔洛：《彼·波斯尼科夫（他的一些传记材料）》，载《尤里耶夫大学学报》，1884 年第 1 期。

立不倒"。①

17 世纪以丰富的文献、名字、新理念、各种观念和流派的斗争而走入祖国哲学历史。哲学开始逐渐职业化并被划分为单独的社会意识形式。发展速度越来越快，祖国思想与欧洲思想结合得更加紧密，古罗斯智慧逐渐演变为俄国近代哲学。17 世纪是古罗斯文化和哲学几个世纪发展道路的结束与总结，同时也是祖国历史发展中新阶段的序幕和前奏。②

哲学和哲学家的观念在这一过渡世纪丰富了新的理念和名字。从欧洲经波兰—乌克兰—白俄罗斯而来的巴洛克文化作用是重要的影响因素。③ 波洛茨克的西梅翁是巴洛克格调的哲学和文学创作的头号代表。整整一代的作者都追随他，用精巧、绚烂和戏剧化的"词藻编织"手段表达他们的思想。我们引其中一位的巴洛克作品中的一段话。莫斯科印书馆校对员萨瓦季在《弟子规》中向米哈伊尔·奥多耶夫斯基公爵讲道：

> 学问重于金银，
>
> 学识使人吃惊，
>
> 哲学之风诲人，
>
> 嘱吾等努力练习。
>
> 学识喜欢勤奋，

---

① 《俄国 17 世纪末社会政治思想文献（文学颂歌）》，А.П. 波格丹诺夫整理、作序和注解，第 2 辑，莫斯科 1983 年版，第 233—241 页。

② И.П. 科兹洛夫斯基：《17 世纪在俄国历史上的意义及其与前后时代的联系》，涅任 1908 年版；B.A. Uspeskij, V.M. Živov, Zur Spezific des Baroc in Russland, in *Forum Slavicum*, Bd. 54, München, 1983, ss.25-56；Л.А. 乔尔纳娅：《从中世纪向近代过渡时期的俄国文化（哲学人学分析）》，莫斯科 1999 年版；《沙皇国与帝国之间的人》（国际会议资料集），М.С. 基谢廖娃主编，莫斯科 2003 年版。

③ 《俄国巴洛克文化里的人》，М.С. 基谢廖娃责编，莫斯科 2007 年版。

其中有无数吸引，

懒惰马虎没有好处，

更将许多财富折损。

沙皇人家贤士云集，

想看见你在聪明人里。①

　　要指出的是，拉丁派（领头的是波洛茨克的西梅翁）的许多论敌都是一些受过很好教育的人，像能够翻译希腊语和拉丁语的叶皮凡尼·斯拉维涅茨基。17世纪拉丁派和希腊派的论战部分类似于19世纪西方派和斯拉夫派的论战——无论哪一方都是受过欧洲教育的人文知识的代表，但却对俄国过去的历史及其发展前景有各自不同的阐释。

　　乌克兰和白俄罗斯的很大一部分土地被并入俄国后，从那里来的人被吸引到教育园地，祖国哲学思想丰富了一层巴洛克文化经验，我们在白俄罗斯人波洛茨克的西梅翁和乌克兰人叶皮凡尼·斯拉维涅茨基的创作例子中看到这一点。②尤里·克里扎尼奇、米列斯库·斯帕法里、利胡德兄弟和其他许多欧洲斯拉夫和非斯拉夫民族代表的活动促进了祖国哲学思想的国际化，他们来到莫斯科这座被当时意气风发的诗人按巴洛克格调称为"斯拉夫火炬"和"重放光明的雅典"的城市。③

---

①　《古罗斯文学作品：17世纪》，第3册，莫斯科1994年版，第22—23页。

②　*Україна XVII Століття: Суспцильство, Філософія, Культура*, Київ, 2005; *Мова Беларускай Пісьменнасці XIV-XVIII стст*, Мінск, 1988; W. Wielhorski, *Litwini, Bialorusini, Polacy w Dziejach Wiekiego Księstwa Litewskiego*, L., 1951.

③　М.Н. 格罗莫夫：《莫斯科——"重放光明的雅典"》，载 *Практічна Філософія*, Київ, №2, 2002, cc.112-118.

结语

继在第一章探讨"哲学家"术语的多元语义——它在古罗斯场景中如何理解，以及在随后几章中探究其意义在七个世纪的演变之后，可以得出明确的结论。这一术语在最早的 11 世纪文献（1056—1057 年《奥斯特罗米尔福音书》和《1073 年文选》）中已有所闻，在以后的时期中被广泛使用，并大量出现在古罗斯历史最后的 17 世纪的史料中，使得能够有根据地判断出，哪些是关于哲学家形象的理想观念，在已经作古和同时代的人中谁实际上被称为哲学家，在古罗斯整体上形成哪些关于哲学的观念。

古代的思想家（主要是柏拉图和亚里士多德①）和文化范围很广的活动家被理解为"最早的哲学家"。与他们相提并论的是东方哲人，首先是在旧约传统中有名的哲人，尤其是所罗门王。在这里表现出集雅典和耶路撒冷传统于君士坦丁堡的拜占庭文明的影响。古罗斯思想将经常面向上述形象，他们预告了基督教思想家的出现，正如古代哲学和旧约预言走在福音教导前一样。教父学代表人物、最杰出的神学家和直接是基督教传统的思想家，如大巴西尔、金口约翰、大马士革的约翰、认信者马克西姆和其他教父，将作为哲学

---

① M. 沙赫马托夫：《柏拉图在古罗斯》，见《俄国历史协会丛书》，第 2 卷，布拉格 1930 年版，第 49—70 页；В.П. 祖博夫：《亚里士多德》，莫斯科 1963 年版，第 332—349 页（《罗斯的亚里士多德传统史浅谈》编）。

领域的最高权威受到尊敬。^① 在西方神学家中最受尊敬的是圣奥古斯丁，其生平和创作是在教会分裂以前的时期。

对包括罗斯在内的斯拉夫正教（Slavia orthodoxa）地区来说^②，斯拉夫人的祖师康斯坦丁 - 基里尔哲学家的形象是最受认可和喜爱的哲学家化身，他把拜占庭的语文学、哲学和神学人文综合带到斯拉夫本土。^③ 在他的影响下形成了整个祖国传统中稳定的有灵感的创作者类型，在自己身上融合写作和诗歌才华、哲学思维深度与对神圣价值的追求。我们在基辅的伊拉里昂、图罗夫的基里尔、希腊人马克西姆、波洛茨克的西梅翁、格里戈里·斯科沃罗达、阿列克谢·霍米亚科夫、弗拉基米尔·索洛维约夫和其他许多罗斯和东斯拉夫文化的代表身上看到这一类型。^④

同时有一系列西方天主教和新教思想家在古罗斯场景中闻名，如托马斯·阿奎那、大阿尔伯特、维尔茨堡的布鲁诺、路德，以及文艺复兴时期的活动家鹿特丹的伊拉斯谟、尼古拉·哥白尼、阿尔多·马努齐奥和犹太哲学家迈蒙尼提斯等。在东方思想家中著名的有中亚学者阿维森纳。印度教智慧体现在被称为"罗门"的裸身智者身上，亚述 - 巴比伦智慧出现在传说中的阿基尔形象中。自然，类似的名字和与名字有关的思想在很有文化的小范围人中流传，不被广大的读者、尤其是没有文化的公众所知。并且，这种情况不仅是彼得以前的俄国社会所典型的，在以后所有时期、直到现在也到

---

① K.И. 斯克沃尔佐夫：《教父和教会导师的哲学》（护教家时期），基辅 1868 年版；А.А. 斯托利亚罗夫：《教父论与教父学》，莫斯科 2001 年版；B.M. 卢里耶：《拜占庭哲学史》（形成时期），圣彼得堡 2006 年版。

② P. 皮基奥：《斯拉夫正教（Slavia orthodoxa）——文学和语言》，莫斯科 2003 年版。

③ А.-Э.Н. 塔希奥斯：《斯拉夫人的启蒙者——基里尔和梅福季圣兄弟》，谢尔吉镇 2005 年版。

④ M.H. 格罗莫夫：《俄国中世纪哲学的结构与类型》，莫斯科 1997 年版。

处可见。

希腊人马克西姆（1470—1556 年）是俄国中世纪的头号哲学家、翻译家、著作家、语言学家和神学家，融合了拜占庭、文艺复兴和古罗斯传统，按创作遗产属于希腊、欧洲和俄国。关于他有国内外作者写的几十本书、学位论文和几百篇文章，其中讲述他的复杂履历、活着时的坎坷命运和死后的不尽哀荣，对阿封山人笔下大量体裁各异的作品内容进行分析。[①] 在古罗斯史料中希腊人马克西姆被称为"了不起的哲学家""被人爱的哲学家""高明的哲学家""哲学家中出色的""僧人哲学家""哲学上十分了得"。类似的称呼部分地表达出对有学问的修道士学识的赞叹，在这些称呼中有修辞上的美化，但总归恰如其分地指出他创作中的主要一点——学识广博，无所不通，对神学和哲学问题思考深入。他不是狭义和形式意义上的哲学家，不是用这个词所称的从事职业活动的独门行业的代表，用他们懂的或专门的语言交流，在中世纪这种语言是书面拉丁语，

① A.B. 戈尔斯基：《圣山人希腊人马克西姆》，莫斯科 1859 年版；哈尔拉姆皮：《吾成德者神父希腊人马克西姆传》，圣彼得堡 1886 年版；A．西奈斯基：《成德者希腊人马克西姆生平活动概略》，圣彼得堡 1902 年第 2 版；B．C．伊孔尼科夫：《希腊人马克西姆及其时代》，基辅 1915 年第 2 版；Б.П．杜纳耶夫：《希腊人马克西姆与罗斯 16 世纪的希腊理念》，莫斯科 1916 年版；A.И．伊万诺夫：《希腊人马克西姆的著作遗产》，列宁格勒 1969 年版；H.H．波克罗夫斯基：《希腊人马克西姆和伊萨克·萨巴卡案件材料》，莫斯科 1971 年版；H.B．西尼岑娜：《希腊人马克西姆在俄国》，莫斯科 1977 年版；M．亚历山德罗普洛斯：《希腊人马克西姆的生活场景》，莫斯科 1980 年版；Д.M．布拉宁：《希腊人马克西姆的翻译作品和书信（未出版的文献）》，列宁格勒 1984 年版；Ю.H．卡班科夫：《俄国书界的最后一个拜占庭人——成德者希腊人马克西姆》，符拉迪沃斯托克 2007 年版；H.B．西尼岑娜：《希腊人马克西姆》，莫斯科 2008 年版；E. Denisoff, *Maxime le Grec et l'Occident. Contribution à l'Histoire de la Pensee Religiese et Philosophique de Michel Trivolis*, Paris-Louvan, 1943; Gr. Papamichaël, *Maximos ho Graikos ho Prōtos Phōtistēs tōn Rōssōn*, Athēnai, 1950; J.V. Hanej, *From Italy to Muscovy. The Life and Works of Maxim the Greek*, München, 1973; A. Langeler, *Maksim Grek, Bezantijn en Humanist in Russland*, Amsterdam, 1986; etc.

现在则是各式各样的人造词汇。他是就这个词的广义和真正意义上的哲学家，作为有思想的个体，试图思考存在、意识、自然、社会和人这些本质上是哲学的问题。希腊人马克西姆是植根在希腊斯拉夫正教文化里的基里尔-梅福季人文传统的鲜明代表，关于这种传统前面谈到过。[①]

希腊人马克西姆在其作品和思想中都比晚他一个世纪的波洛茨克的西梅翁更深刻，后者是一位异常多产的作者，不知疲倦地创作出许多华丽的巴洛克风格的作品，在其创作中除原始的拜占庭影响外，还贯穿着与他同时代的拉丁文化的有力影响。在他们的例子中和他们的比较中能够呈现出祖国哲学思想从中世纪鼎盛时期到巴洛克时代的演变。在更容易接受的可视层面上可以拿旧约的圣三位一体圣像画作比照，看它在希腊人费奥凡和安德烈·鲁布廖夫的作品中，以及在西蒙·乌沙科夫和与他同时代的巴洛克风格的画家的圣像画上怎样被刻画。这一用美学和象征手法表现的存在的三一性形象，在前者中刻画严谨、明暗适度、含意深刻，在后者中为我们呈现的是亚伯拉罕在幔利橡树下招待客人的相当生动的画面，不像中世纪圣像画家那样只画一只圣樽，而是画上一桌珍馐美味和各种器皿。迎面而来的是阐释的语义层面、并因而是含义层面的降低，对存在的外表花哨着迷，用哲学语言来说是从本体思维方式过渡到现象思维方式。

通过在罗斯生活和创造的实在的思想家形象，能够清楚地看到祖国哲学与国外哲学的联系。拜占庭思想传统在早期阶段的积极作用在君士坦丁堡倒台和南方文明风向被西方风向取代后发生了变化，

结语

---

① M.H. 格罗莫夫：《希腊人马克西姆》，莫斯科 1983 年版。

拉丁文化影响增强，18 世纪成了最高点。^① 19 世纪发生了地方传统与外来传统的独特综合，导致祖国文化和哲学思想的真正繁荣。无论多么令人奇怪，国外出身的思想家比例在古罗斯比在俄国近代高出许多。希腊人尼基福尔都主教、马克西姆和利胡德兄弟，保加利亚人都主教基普里安，塞尔维亚人帕霍米，克罗地亚人尤里·克里扎尼奇，波兰人安德烈·别洛博茨基，白俄罗斯人波洛茨克的西梅翁，整整一代的乌克兰人（叶皮凡尼·斯拉维涅茨基、阿尔谢尼·萨塔诺夫斯基、罗斯托夫的季米特里），这些在我国建功立业的人醒目地见证了这一点。

于是能够作总结说，通过探讨古罗斯的哲学家形象观念这种局部题材，就有机会扩大和加深我们对祖国哲学发展的古罗斯时期的认识，以及对那时所奠定的俄国哲学思想整体上若干类型性特征的认识。

---

① T. 斯皮德里克：《俄罗斯理念——对人的另一种所见》，B.K. 泽林斯基和 H.H. 科斯托马罗娃译自法语，圣彼得堡 2006 年版。